〔英〕温斯顿·丘吉尔—著　　李国庆等—译

CHURCHILL'S MEMOIRS OF WORLD WAR II

丘吉尔二战回忆录

进逼与绥靖

SPM
南方传媒 | 广东人民出版社

·广州·

图书在版编目（CIP）数据

进逼与绥靖 /（英）温斯顿·丘吉尔著；李国庆等译. -- 广州：广东人民出版社，2024. 8. --（丘吉尔二战回忆录）. -- ISBN 978-7-218-17959-9

Ⅰ. K835.617=5；K152

中国国家版本馆 CIP 数据核字第 20249FT120 号

QIUJI'ER ERZHAN HUIYILU · JINBI YU SUIJING

丘吉尔二战回忆录·进逼与绥靖

[英]温斯顿·丘吉尔 著　李国庆等 译　　　

出 版 人：肖风华

责任编辑：范先鋆　唐　芸
责任技编：吴彦斌
封面设计：贾　莹

出版发行　广东人民出版社
地　　址：广州市越秀区大沙头四马路 10 号（邮政编码：510199）
电　　话：（020）85716809（总编室）
传　　真：（020）83289585
网　　址：http://www.gdpph.com
印　　刷：三河市人民印务有限公司
开　　本：787 毫米 × 1092 毫米　1/16
印　　张：12　　字　数：173 千
版　　次：2024 年 8 月第 1 版
印　　次：2024 年 8 月第 1 次印刷
定　　价：68.00 元

如发现印装质量问题，影响阅读，请与出版社（020-87712513）联系调换。
售书热线：（020）87717307

《丘吉尔二战回忆录》 译者

（排名不分先后）

李国庆	张 跃	栾伟霞	曾钰婷	刘锡赟	张 妮
李楠楠	汤雪梅	赵荣琛	宋燕青	赖宝滢	张建秀
夏伟凡	王 婷	江 霞	王秋瑶	郑丹铭	姜嘉颖
郭燕青	胡京华	梁 楹	刘婷玉	邓辉敏	李丽枚
郭轶凡	郭伊芸	韩 意	李丹丹	晋丹星	周园园
王瑨珽					

战争时： 意志坚定
战败时： 顽强不屈
胜利时： 宽容敦厚
和平时： 友好亲善

致　谢

在本卷①的写作过程中，中将亨利·波纳尔爵士给予了很多军事方面的帮助，艾伦准将在海军方面帮助颇大，牛津大学沃德姆学院迪金上校则在欧洲和一般事务上提供了很多支持，之前他也曾大力支持我的《马尔巴罗传》一书。在措辞方面，爱德华·马什爵士鼎力相助。除此之外，我也对许许多多阅读过原稿并给出建议的其他人士表示感谢。

伊斯梅勋爵也曾经给予我宝贵的帮助，他和我的其他朋友也将在未来继续给予我支持。

感谢英国政府准许复制某些官方文件的文本，这些文本的王家版权归属于英国政府文书局局长，特此致谢。

---

① 原为整套书第一卷，卷名"铁血风暴"，现分为《愚行与危机》《进逼与绥靖》《从蚕食到大战》《晦暗的战局》四册。——编者注

前　言

在《世界危机》《东线战争》和《战后》里，我曾叙写第一次世界大战，而我必须承认的是，本书各卷（《愚行与危机》《进逼与绥靖》《从蚕食到大战》《晦暗的战局》等）是一战故事的延续之作。如果这套书全部写成，将会和一战回忆录各卷共同组成另一个"三十年战争"的文字记载。

和先前的作品一样，我将尽己所能，效仿笛福在《一个骑士的回忆录》中的写作手法，效仿他以个人经历为线索、按照时间顺序来记叙和讨论重大军事事件和政治事件。我或许是唯一一个经历过有史以来两次最大战争浩劫的内阁高层。在一战里，我虽参与其中但并非身居要职，而到了第二次对德之战，在五年多的时间里，我一直是英国政府的首相。因此，与前面不一样的是，我会从一个不同的角度、以身处更高的政治地位上的视野来进行写作。

几乎我的所有公务都是我向秘书口授办理的。在我担任首相期间，我发布的备忘录、命令、私人电报和节略的总字数可达近一百万字。那时，纷杂事务每天接踵而至，处理时仅能依据当时能够得到的信息，那些每天写下的文件难免有许多不足之处。然而这些积累下来，就是当时那些重大事件的真实记录，由主要负责英联邦及大英帝国战争和政策的人所见证。我不知道是否有或曾有过类似的记载，即那种关于战争进程和政府工作的每日记录。我并不会将之称为历史，因为历史是由后人撰写的。但我相信本书会对历史有所贡献，对未来有所帮助。

我终生的奋斗都包含和表现在这三十年的行动和主张里，我希望人们据此做出判断。我坚持我的原则，那就是从来不在事后评价任何战争或政策措施，除非我事先曾公开或正式表达过意见或给出警告。事实上，回首往事，我已经把当时很多有争议的严厉之辞改得柔和了。我在记录与很多我喜欢或尊敬的人的分歧之时，我非常痛苦，但如果不把这些教训作为未来之鉴，那是不对的。本书记载了众多品德高尚的人的种种事迹，但愿没有人会轻视他们，而是去扪心自问、检讨自己，以史为鉴，指导日后的行为。

我不会指望人人都赞同我所说的，更不会只写那些迎合大众的内容。我会据己所见做出论证。我会慎重验证事实，但随着截获文件的披露或其他信息的曝光，新的证据会不断出现，这或许会让我之前所下的结论呈现出新的一面。这就是在一切水落石出之前，以当时可信的记录和记下的观点为依据的重要性。

有一天，罗斯福总统告诉我，关于这场大战该冠以何名，他正在向大众征集意见。我立刻回答："不必要的战争。"从来没有哪一场战争会比这场更容易加以制止，它摧毁了在上次大战中留下的一切。在上亿人做出了努力和牺牲、在正义的事业取得了胜利之后，我们依然没有获得和平或安全，而且相比于之前所征服的困难，我们现在还陷入了更为糟糕的境地，全人类的悲剧由此达到顶峰。我诚挚地希望，这些过往可以给未来以指引，新一代可以修正之前犯下的错误，根据人类的需求和荣誉，对徐徐展开的糟糕的未来加以掌控。

温斯顿·丘吉尔

于肯特郡，韦斯特勒姆，恰特韦尔庄园

1948 年 3 月

目录
CONTENTS

第一章

ONE

希特勒开始动手了

英国的新气象——《法苏互助条约》获得批准——莱茵兰地区和《凡尔赛和约》《洛迦诺公约》——希特勒出兵重占莱茵兰——弗朗丹到访伦敦——法国的摇摆不定——英国的反战和平主义——德国在莱茵兰修筑防线——希特勒对奥地利的承诺

1936 年 1 月底，我返回国内，此时的英国让我感到一种新气象。在我离开国内这段时间里发生了许多事。首先是墨索里尼武力侵占了埃塞俄比亚，其野蛮行径令人发指。其次，英法试图与意大利签订《霍尔—赖伐尔协定》，令世人震惊。另外国际联盟在这个问题上惨败，集体安全体系因此遭到破坏。在经历这些事情后，工党和自由党都改变了态度，随之改变的还有七个月前参加"和平投票"的那一千一百万人。他们当初的善意迄今为止对维护和平毫无作用。现在这些人都转过头来考虑如何利用武力手段对抗法西斯和纳粹的暴政。他们没人再认为动用武力是非法行为了，千百万爱好和平的人以及那些曾经自恃和平主义者的人，都渐渐认识到武力手段是对抗法西斯的关键因素。不过他们还是有原则的，他们认为只有当国际联盟提出并批准可以使用武力时，才能这样做。尽管对于重整军备，两个反对党依然继续持反对态度，但是一定程度上也取得了一致的意见。这时，只要英国政府能顺应大势，它就能带领全体人民同仇敌忾，推动整个战备工作了。

然而，政府依然固守他们的中庸之道，不想全力对抗法西斯势力，只求息事宁人。我很费解，既然现在全国上下都高度一致，同意武力反对法西斯的暴行，为什么政府不因势利导，加以利用呢？他们本可

以利用这个契机巩固自己的执政地位，还可以通过响应人民的呼声，名正言顺地增强国防实力。然而鲍德温先生并无此意。看来他已英雄迟暮，现在只想着坐享高票当选的硕果，带着保守党安稳度日就好。

＊　　＊　　＊

一旦协约国和其他国家不积极干涉德国，希特勒便可以大肆扩军备战，这样第二次世界大战在所难免。现在我们不想武力抗争，将来在战争的第一阶段就无法轻松遏制德国，到时势必要浴血奋战。如果战争到了第二阶段时，就算拼尽全力，取得胜利也是极为困难的事了。1935 年夏天，德国违反《凡尔赛和约》，重新开始征兵。英国非但对此保持沉默，还私下同德国签订了《英德海军协定》，同意德国建立海军，并允许德国必要时可以拥有与英国一样的潜艇规模。纳粹德国瞒天过海，逾越法律，偷偷地建立起了空军。到了 1935 年春天，德国空军公开宣称已经与英国势均力敌。在经过长期的秘密准备之后，德国开始明目张胆地赶制军械，且已有两年时间了。英国乃至整个欧洲以及那时看似遥远的美国即将面对的是一个好战尚武、军队齐整、作战效率极高的德国。德国拥有七千万人口，他们渴望民族复兴，重振昔日荣耀。在残暴的军国主义和纳粹政权的驱使下，德国正大步向前。

现在希特勒可以随心所欲地扩张了。希特勒采取的一系列行动均未受到来自欧洲两个民主大国的有效抵抗。除了深谋远虑的美国总统，美国人民后来才逐渐发现这一切。1935 年，为了争取和平，我们做了许多抗争，那时本应稳操胜券，然而现在却几乎全都失败了。墨索里尼吞并了埃塞俄比亚，无疑是在挑战国际联盟，特别是英国的权威，这场博弈他赢了。意大利现在与英国分道扬镳，转投到希特勒的阵营。柏林—罗马轴心已然形成。从现在的情况来看，想要阻止这场战争几乎已经不可能了。就算通过武力干涉延缓战争爆发，也无济于事。英法两国现在能做的只有全力备战，静待挑战了。

或许现在还有时间建立集体安全保障体系，但是建立这个体系的

基础需要各国团结一心，愿意执行国际联盟的决议，武力反抗法西斯。各民主国家和它们的附属国，就目前实力来说，绝对胜过独裁国家。但被懒惰和怯懦所束缚的善良动机无论如何也敌不过坚决备战的邪恶动机。然而，绝不能因为热爱和平就放弃武力抵抗法西斯势力，最终使数百万平民糊里糊涂地卷入全面战争，这不是理由。那些反战集会者是如此善良而又软弱，他们的喧嚣将归于沉寂，他们的投票也将毫无意义，因为马上就要大祸临头。

* * *

之前，法苏两国为防止法西斯侵略联合拟订了《东方洛迦诺公约》[①] 草案，并准备邀请德国加入该公约，纳粹德国觉察到该公约会束缚自己的侵略活动，因此于 1935 年发表声明拒绝缔约，并极力阻挠这一条约的签订。12 月 18 日，希特勒在柏林对波兰大使说，他坚决反对西欧国家与苏联合作。他就是带着这种心态从中作梗极力阻挠破坏，不让法国与苏联直接缔约的企图得逞。尽管法苏两国 5 月份在《法苏互助条约》上签了字，但双方都未获得最后批准。德国很清楚这一点，于是将其作为外交政策的主要着力点，处心积虑阻止该条约获得正式批准。柏林方面向赖伐尔发出警告，声称如果法国批准该协定，那么德、法之间重修旧好将永远无望。迫于压力，后来赖伐尔很明显表示出想放弃与苏联缔约的态度，不过事实上他本人最后未能对这件事施加任何影响。

1936 年 1 月，法国新任外交部部长弗朗丹先生到伦敦来参加国王乔治五世的葬礼。当晚他在唐宁街的首相官邸与鲍德温先生、艾登先生共进晚餐。席间他们谈到了如果德国撕毁《洛迦诺公约》，英法两国的态度将会如何。要知道法国政府这时候正打算批准《法苏互助条

---

① 1934 年苏联、法国为防止法西斯侵略联合拟定的，准备邀请德国、捷克斯洛伐克、波兰、芬兰、拉脱维亚、爱沙尼亚、立陶宛等国参加的集体互助公约（草案）。——译者注

约》，一旦法国批准该条约，德国的确很可能会撕毁《洛迦诺公约》。对此，弗朗丹征询了法国内阁和总参谋部的正式意见。2月，他在日内瓦将自己整理的法国方面的正式意见反馈给了艾登先生：如果德国胆敢违反条约，法国军队将随时待命，听从国际联盟的调遣。此外，他还向这位英国外交大臣提出要求，希望英国能按照《洛迦诺公约》相关规定给予援助。

2月28日，法国国会最终批准了《法苏互助条约》。第二天，法国驻柏林大使受命前去与德国政府接洽，打听德国在什么前提下才愿意和法国进行谈判，以消除隔阂，增进了解。希特勒回复说要考虑几天。3月7日上午十点，德国外交部部长纽赖特先生召集英、法、比、意四国大使到德国外交部所在地威廉大街，向他们宣布了德国的建议：订立一个为期二十五年的公约，在莱茵河两岸都设立非军事区，订立一个限制空军的条约，另外还要求与德国东西方的邻国进行谈判，并签订双边互不侵犯条约。

根据《凡尔赛和约》的第四十二、四十三、四十四条，战胜国在莱茵兰地区成立了非军事区。根据规定，德国不准在莱茵河左岸以及右岸的五十千米范围内拥有或构筑任何工事，也不准在这里驻军、进行任何军事演习或存放任何战备物资。随后的《洛迦诺公约》也重申了这一规定，这一切都是双方自由谈判的结果。按照公约，缔约各方应在个别或集体层面保证德、比和德、法边界维持现状。公约第二条规定，德国、法国、比利时三国永远不得越过彼此边界攻击他国进行侵略活动。如果任何一方违反了《凡尔赛和约》的第四十二、四十三条，这种行为将被视为"无故侵略行为"。如果任何一方在非军事区内集结军队，遭受侵略的缔约国有权立即采取行动。凡是出现违反条约的行为应当立即上报国际联盟，待国际联盟确认情况属实后，会建议缔约国向被侵略国提供军事援助。

*　　*　　*

　　1936年3月7日，就在同一天中午，在希特勒提出订立二十五年公约的两小时后，他又在国会宣布要重新占领莱茵兰。甚至在他的话音还未落，德国部队就已迅速越过了非军事区边界，进入了莱茵兰，占领了那里的主要德国城镇。他们在那里受到了人们的夹道欢迎，不过同时也提心吊胆害怕协约国采取行动。与此同时，希特勒为了迷惑英美的舆论，声称这次占领行动只是象征性的。随后，德国驻伦敦大使向艾登先生提交了一份建议书，其中的内容与上午早些时候纽赖特先生在柏林交给《洛迦诺公约》缔约国大使的那份差不多。这份建议是为了让大西洋沿岸那些愿意自欺欺人的人们就此心安理得。艾登先生义正词严地回复了那位德国大使。我们现在当然知道希特勒这份和解建议是其阴谋的一部分，他想利用这份建议书掩饰他违反条约的罪恶行为。通过这次行动，他在国内获得了很高的威望，同时也方便他展开下一步计划。

　　德军占领莱茵兰事件不仅破坏了战争时期通过武力给德国限定的义务，而且破坏了和平时期各方自愿达成的《洛迦诺公约》，还无耻利用了协约国提前几年撤出莱茵兰地区的善意。这在全世界范围内引起了轩然大波。以总理萨罗和外长弗朗丹为首的法国政府对德国这种行为进行了强烈谴责并呼吁盟国和国际联盟采取相应措施。这次响应法国号召的都是协约国中的一些小国家，包括捷克斯洛伐克、南斯拉夫和罗马尼亚，还有波罗的海三国（爱沙尼亚、拉脱维亚、立陶宛）和波兰。其实法国尤其有权要求英国给予援助，因为我们曾经保证过一旦法国边境遭到德军侵略，我们会出手相助，共御敌军。另外，正是我们对法国施加压力令其提早撤出莱茵兰地区，现在我们要为这个行为负责。如果世上有所谓破坏条约行为的存在，那么无疑就是德国现在这种行为了。德国不仅破坏了《凡尔赛和约》，而且还破坏了《洛迦诺公约》。这些条约对各缔约国都具有同样的约束力，然而德国

却对这些条约义务肆意践踏直接无视。

＊　　＊　　＊

　　这起事件令法国举国震惊。萨罗先生和弗朗丹先生一时冲动，想立即行动起来，动员全国人民抗击德国。但如果他们有能力做，他们早就采取行动了。一旦法国行动起来，就会带动其他国家也跟着行动起来。这对法国来说，是一个生死存亡的抉择。但他们似乎不能轻举妄动，因为在这个问题上还没有和英国达成一致。然而这只是一种解释，不能当作按兵不动的借口，要知道这是攸关国家存亡的大事。若法国政府是一个名副其实的政府，它就应该下定决心履行条约义务，抗击德军。可是在局势不断变化的岁月里，不断更迭的法国政府多次以英国提倡和平主义为借口，为自己按兵不动进行辩护。这也是事实，英国从未激励他们奋勇抵抗德国的侵略。相反，这位英国盟友会趁他们犹豫不决时，果断出击，打消他们的抵抗念头。星期日一整天，英法两国进行着频繁的电话交流，双方都十分激动。英国劝法国政府最好暂时按兵不动，以便两国经过充分考虑后采取共同行动。这真是为逃避战争找了个绝好的理由。

　　伦敦方面，非官方的反应也令人寒心。劳合·乔治先生匆忙发表言论说："在我看来，希特勒破坏条约也并不是什么罪大恶极的事，可以理解。在此之前有些事激怒了他，因此他今天的所作所为是有原因的。"他还说"希望我们保持头脑冷静"。所谓激怒希特勒的原因大概是指协约国的裁军力度还不够。斯诺登勋爵认为希特勒这次提出的互不侵犯条约值得信任，他说希特勒过去提出的和平建议都没有引起大家的足够重视，但是这次应该引起重视，不能再置之不理了。这些言论都表现了当时英国公众舆论受到了严重的误导，不能为发表这些言论的人增光添彩。英国内阁总想寻求阻力最小的方法，它认为现在最简便的方法就是向法国施压，令其再次向国际联盟发出呼吁。

*　　*　　*

法国内部对这起事件也有很大分歧。整体上看，一方面，法国政客希望军队行动起来，向希特勒发出最后通牒；另一方面，将军们则认为应该像他们的对手德国一样，保持镇静和忍耐，继续拖延下去。我们现在才知道当时希特勒和德军最高统帅部之间也有一些意见分歧。当时，只要法国政府出动其拥有的将近一百个师的法国陆军以及法国空军（当时很多人错误地相信法国空军的实力是欧洲之最），德国总参谋部必会勒令希特勒撤出莱茵兰地区。这会大大抑制希特勒的狂妄与野心，给他的统治以致命的一击。别忘了当时即使没有外部增援，单凭法国一己之力也肯定能将德军驱逐出莱茵兰地区。只要法国开始行动，根据《洛迦诺公约》，英国也绝不能再袖手旁观。然而事实上法国始终按兵不动，白白失去了这样一次扼杀希特勒野心的宝贵机会。本来只要抓住这次机会，根本用不着进行大规模战争。相反，法国政府在英国的鼓动下，把遏制希特勒的重担推给了国际联盟。可是当时的国际联盟由于前一年制裁的失败以及《英德海军协定》的打击，早已备受削弱威风扫地了。

3月9日星期一，艾登先生和哈利法克斯勋爵以及拉尔弗·威格拉姆一同前往巴黎。他们本来打算在巴黎举行国际联盟会议，但没过多久威格拉姆就奉艾登之命，赴法国邀请弗朗丹前来伦敦，把国际联盟的会议改在英国举行，这样法国就可以获得英国的强力支持。对这位忠实的官员来说，此次赴法并不是一个很受欢迎的差事。3月11日，威格拉姆一回到伦敦就来找我，告诉我事情的全部情况。弗朗丹也在当晚深夜抵达伦敦。周四早上八点半左右，他来到我位于莫佩思大厦的寓所。他告诉我说，他准备要求英国政府出动海陆空三军与法国一起协同作战。他已经取得了协约国中的小国家和其他一些国家的支持。随后他将已收到的回信念给我听，这给我留下了很深的印象。上次战争中形成的协约国，毫无疑问现在仍然优势明显、实力非凡。

只要他们行动起来肯定能取得胜利。尽管我们当时不知道希特勒同他的将领之间发生了什么事情，但我们这边显然实力仍很强大。我当时身在草野，仅凭个人能力帮不上什么忙，但我还是衷心祝愿这位贵宾能够排除万难取得成功。我还答应他，只要有可能一定会鼎力相助。那天晚上我邀请几个主要同事与弗朗丹先生共进晚餐，让他们也听一下弗朗丹先生的建议。

担任财政大臣的张伯伦先生是当时政府里最有实权的人。他的传记作者基思·法伊林先生从张伯伦先生的日记中摘录了下面一段话："3月12日，我和弗朗丹先生进行了交谈，谈话中我重点指出，舆论肯定不会支持我们采取任何性质的制裁措施。但他认为只要我们坚守同一阵线，德国肯定会不战而退。最后我们一致认为，对一个疯狂的独裁者来说，这种估计不一定可靠。"当弗朗丹提议至少可以对其实施经济制裁时，张伯伦做出了如下回应。他提议在谈判时可以建立一支国际军队，并同意订立一个互助条约。此外他还宣称，如果放弃一块殖民地就可以换取长久和平的话，他愿意予以考虑。

与此同时，以《泰晤士报》和《每日先驱报》为首的英国大部分报纸，都表示愿意相信希特勒提议订立互不侵犯条约的诚意。然而奥斯汀·张伯伦先生在剑桥大学发表演说时，却表示自己并不这样想。威格拉姆认为自己有必要带弗朗丹与他能想到的所有人都接触一下，这其中包括很多伦敦金融界、新闻界、政界的人士以及洛西恩勋爵。在威格拉姆家里，弗朗丹无论遇到什么人都会对他们说："现在整个世界，特别是那些小国家都把目光集中在英国身上。如果英国现在愿意行动起来，武力阻止德国的侵略扩张，整个欧洲都会跟随它的脚步。你们应该拿出个办法来，整个世界都将会跟随你们，这样你们就能阻止战争的爆发。这是你们最后的机会了。要是你们现在不阻止德国的侵略扩张，那么一切都完了。法国便再也不能保证捷克斯洛伐克的安全，要知道法国与它远隔甚远，实在无能为力。如果你们背弃《洛迦诺公约》不出兵一起抗击德国，那么到时候你们就只能眼睁睁地看着德国重整军备，而法国更是什么都做不了。你们现在若不动用武力制止德国，战争将在所难免，别看你们暂时和德国关系友好。就我而言，反正法德之间是谈不上什么友谊的，两国关系一直处于紧张态势。要是你们最终决定背弃《洛迦诺公约》，我也将改变我们的政策，因为除此之外，我们别无他法。"弗朗丹说这话时真是带着莫大的勇气，但与其说不如去做，要知道行动比语言更有说服力。

洛西恩勋爵的看法是："这没有什么大惊小怪的，毕竟，德国只是到自己的后花园罢了。"在英国，有这种想法的人是大有人在的。

＊　　　＊　　　＊

当我听说事情进行得并不那么顺利，便与威格拉姆进行了一次谈话，然后我建议弗朗丹先生在回国前最好要求与鲍德温先生进行一次会谈。最终会谈地点定在唐宁街首相官邸，在那里，首相非常客气地接待了弗朗丹先生。对于英国的按兵不动，鲍德温先生解释说，他虽然对外交事务知之甚少，但他对英国人民的感情却了如指掌，他们渴望和平。弗朗丹先生后来在回忆这一段经历时说，当时他的回答是：如果想要维护和平局面，唯一的办法就是趁现在尚有机会，制止希特勒的侵略扩张行为。法国之所以劝英国一起制止德国，并不是想把英国拖入战争，也不是想要什么实质上的援助。不管英国愿不愿行动，它自己都会先采取一种简单的警察式行动，因为据法国所得到的情报说，莱茵兰的德国军队接到命令，如遇到武力抵抗就撤退。弗朗丹后来还强调，自己当时还说，法国对其盟国所提的要求只是希望能允许法国自行其是。这话当然并不可信。因为根据《洛迦诺公约》，法国有权自由采取合法行动，英国根本无权干涉。对此，英国首相一再强调，英国决不会冒战争风险出兵阻止德国的侵略行为。随后他又问法国政府决定怎么办。对此，弗朗丹并没有给予直截了当的答复。据弗朗丹回忆，当时鲍德温先生说："或许你是对的，可是如果你的警察行动，哪怕引发战争的可能只有百分之一，我也决不允许英国以身犯险。"鲍德温先生顿了一下，又接着说，"英国没有做好打仗的准备。"

这些话至今未经证实。回到法国后，弗朗丹先生自己可以确认的是：第一，除非英国决心要制止德国，否则内部有分歧的法国很难团结起来；第二，英国根本不会采取任何行动制止德国的侵略，就连行动的欲望都没有。他由此得出了一个可悲的结论：现在法国的唯一希望就是跟野心越来越大的德国讲和。

尽管最后弗朗丹被迫选择向德国妥协，但是从弗朗丹在这段煎熬岁月里的态度来看，我觉得，不管他以后有何过失，在后来的几年里我都有责任尽我所能帮助他。1943—1944 年的冬天，当戴高乐政府在阿尔及利亚逮捕他时，我用我的权利保护了他，我还为此请求罗斯福总统并得到了帮助。战后，弗朗丹要接受法庭的审判。由于我的儿子伦道夫在北非战场上曾与弗朗丹多次接触，因而被传去作证。儿子的辩护以及我为弗朗丹所写的辩护信应该起了作用，最后法国法庭宣判弗朗丹无罪。对此，我感到十分高兴。虽然软弱可能招致灾难，但是它并不意味着叛国。不过，无论如何法国政府都难辞其咎。要是克雷孟梭或彭加勒还在的话，肯定不会让鲍德温有自由选择的余地，一定会让他乖乖答应出兵阻止德国。

＊　　＊　　＊

希特勒最终占领了莱茵兰地区，严重破坏了《凡尔赛和约》和《洛迦诺公约》。英法两国姑息养奸的态度给威格拉姆重重一击。他夫人在给我的信中写道："法国代表团走后，拉尔弗黯然回来了。他坐在那个从未坐过的房间角落里对我说，'现在战争在所难免，这场战争绝对会恐怖至极。我想我是看不到了，可是你还能看到，现在就等炸弹投到这座小房子上吧！'[1] 我听了他的话十分害怕。他又接着说，'这些年来我做的所有工作都毫无用处。很遗憾我失败了，我没能让英国人民认识到国家正处在生死存亡的关头。我想也许是因为我不够坚强

---

[1] 这座小房子果然被炸毁了。

吧，才没能让他们认识到这一点。可是温斯顿·丘吉尔先生对此一直理解得很透彻，而且他很坚强，我相信他一定会奋斗到底。'"

我的朋友似乎始终没能从这次打击中恢复过来。因为他把这件事情看得太重了。毕竟，一个人一旦认定了他的职责所在，他便会一直为之奋斗，甘愿冒着越来越大的危险，鞠躬尽瘁，死而后已。威格拉姆天性敏感，对这种职责理解得越深对他来说越是种负担，最后让他不堪重负。1936 年 12 月，威格拉姆不幸逝世。对英国外交部来说，他的离去是无法挽回的损失。这也极大地影响了英国的命运，英国继续衰退，陷入了悲惨的境地。

*　　*　　*

通过成功占领莱茵兰，希特勒向他的将领们证明了当初他们的担心完全是多余的，并证明了自己的判断或"直觉"是多么超群、异于常人。这些将领现在对他都佩服得五体投地。这些德国人本来并无征服世界的野心，但当他们看到自己的国家如此迅速地在欧洲重获地位，看到它以前的敌人在这次事件中任其摆布，彼此之间如此貌合神离，自然很高兴。这件事无疑大大地提高了希特勒在德国最高权力阶层中的声望和权威，也鼓励他能够继续往前走，进行更大的尝试。他对全世界说："现在德国在领土方面已经得偿所愿，不会再侵占别的领土了。"

对此法国人有两种矛盾心理，一方面担心战争再起，另一方面也庆幸自己暂时躲过了一劫，这两种情绪充斥着整个法国。思想单纯的英国报纸用下面的话来安慰头脑简单的英国人："毕竟，这只不过是德国人收回自己的国土罢了。譬如说，如果约克郡脱离我国版图十年或十五年之久，那我们会有什么感觉呢？"然而，没有人停下来留心一下，若是德国今后可能入侵法国，他们现在把开战的地点已经向前移动了一百英里。也没有人担心这件事就等于向协约国中的小国和欧洲表明法国不愿打仗，即使愿打，英国也会把它拖住。这起事件大大巩

固了希特勒在德国的统治地位。另外，也使当初那些以爱国为名试图阻止希特勒的将领们显得愚蠢短视，对他们来说是种莫大的讽刺。

＊　　　＊　　　＊

后来我才知道在这段紧张时期，政府高层一直对是否任用我而争论不休。此时不断有压力向首相袭来，他最终决定成立一个新的部门——这个部门并非国防部，而是国防协调部。对此，在内维尔·张伯伦的传记里有所记录。当时奥斯汀·张伯伦在政府中有很大的影响力，他这样想也这样说过，政府将他排斥在外是个"大错误"。霍尔爵士此时已经痊愈复出，考虑到在《霍尔—赖伐尔协定》的风波中他已经顺从地接受了免职，政府中自然有很多人希望他能官复原职，重掌外交部。首相认为最好由现任财政大臣内维尔·张伯伦接管这个新部门，让奥斯汀·张伯伦接替内维尔担任新的财政大臣。内维尔确信不久之后他就能接替鲍德温担任首相，因此他不同意这个提议。法伊林先生这样写道："保守党可能不会同意霍尔官复原职。另外，如果让丘吉尔接管这个新部门，自由党和中间派的人可能会感到担忧，因为当初保守党向他们承诺过不让丘吉尔进入政府，以避免英国陷入军国主义。让丘吉尔接管新部门势必会违背保守党的初衷，负责解释保守党纲领的人将无法自圆其说。还有，如果鲍德温先生退下来，谁来接任首相难免会引起一番争抢。"我们得知，政府用了大约整整一个月来权衡利弊，综合考虑如何进行人事变动。

这些事情的进展情况我自然是知道的。在3月9日的辩论中，尽管我批评政府政策的语气非常和善，但仍旧特别注意保持我以往严厉的态度，丝毫没有减弱。这次演说非常成功，得到了大家的认可。尽管我对新部门的成立和它的权限并不感到满意，但是我依然很愿意接受这个职位，因为我相信，在这里，我的知识和阅历将能得到充分发挥。据法伊林说，很显然，德国在3月7日入侵莱茵兰地区就是冲着阻止我的任命来的。希特勒当然不会希望我担任这个职位。因此，3

月9日鲍德温先生决定让托马斯·英斯基普爵士接管新部门。因为人们对他一无所知，而且他是位律师，对军事一窍不通，这很符合当前形势需要。报纸和公众对首相的决定感到非常惊讶。政府再次将我拒之门外，不让我参与我们的国防工作，对我打击实在太大，但也许是最后一次了。

此后，各种讨论和辩论纷至沓来，我被推到舆论的风口浪尖，不得不谨慎小心，避免在公众面前失态。我要控制我的情绪，尽量表现得沉稳镇静，超然物外。对此我有一个简单好用的原则，就是在尽力控制情绪的同时，时刻心系国家安危。为了让我的内心笃定，专注凝神，我打算梳理一下从签订《凡尔赛和约》到现在的重大历史事件，并将他们汇总成书。当时我甚至已经写完了第一章，其中部分内容可以直接用于本书，完全不用修改。可是后来由于事务繁忙，再加上我在恰特韦尔时一直保持日常写作习惯，以愉悦心情，因此这个计划进行得十分缓慢。另外1936年底，我开始专心润色我那部《英语民族史》。其实这部书在第一次世界大战爆发前就已经完工，只待日后出版。创作一部鸿篇巨制犹如挚友伴侣在侧，可以时常从他那里得到快乐和慰藉。越是创作下去就会越令人沉醉其中，因为他能指引我们的心灵抵达一个更新奇广阔的境界。

鲍德温先生当然有充分理由凭借权力用尽手腕来对付一个曾经屡次无情批判他的人。而且作为一个非常精明的党内领导者，他自然希望获得党内大多数人的支持，在非大选期的空档里过个安稳日子，因此当然不希望我进入他的内阁搅局帮倒忙。当时，他无疑觉得自己已经在政治上给了我致命一击，连我也觉得他这么想是对的。然而人们的行为无论睿智还是愚蠢，出于善意还是恶意，我们都很难预料他的结果究竟如何！这种不确定性一直存在，令人难以捉摸，一旦失去，人生这出戏就会变得索然无味了。此时鲍德温先生和我一样，都不知道他无意间竟帮了我一个大忙。此后的三年里，内阁不断出现妥协和失职的问题，鲍德温先生将我拒之门外，恰恰帮我避开了这些麻烦。试想如果我真的成了内阁一员，一旦开战，国防工作中的不到位之处无可避免地都会直接归咎于我。

塞翁失马焉知非福，虽然当时遇到的事情看起来对我不利，但是结果却出人意料的幸运。这不是第一次了，当然也不会是最后一次。

* * *

我仍然希望，法国向国际联盟的申诉能够对德国形成一种国际压力，迫使德国能够执行国际联盟的决议，撤出莱茵兰地区。

（我在 1936 年 3 月 13 日写道）法国已向国际法庭提起诉讼，请求国际法庭主持正义。若是国际法庭判法国胜诉，但又拿不出令人满意的措施，那就证明国际联盟的盟约是一纸空文，集体安全体系是一场彻彻底底的骗局。通过国际法的保障以及加强国际合作本来可以让我们的未来充满希望。然而现在当一方受到侵害时，这套理论却不能依法采取措施来纠正违法行为，根本毫无用处，真是丢人啊。它很快就会被另一套制度所取代，各国将组成联盟或者集团，只通过武力保证正义和秩序。不过如果国际联盟能够对侵略者德国——这个现在世界上最强大的国家——实施制裁的话，那就另当别论了。国际联盟的威望会因此变得非常高，此后人们都会承认国际联盟拥有无上权威，可以有效调解和解决各国争端。这样一来，我们或许就可以趁此机会实现一直梦寐以求的理想。

但是这样做的确有一定风险！如何降低这种风险是每个人都要考虑的事情。其实有个方法很简单：我们只要团结起来，组成一个拥护国际法并且在公理和实力上都能压倒一切的联盟就行了。诚然如果这个联盟与法西斯势力旗鼓相当的话，那么无疑几周内就会爆发大战。一旦开战，根本无法预计谁会卷入这场战争，这场战争将怎样打或者怎样收场。可

是如果国际联盟领导下的这股势力能够比法西斯侵略势力强四五倍的话，那么就有机会通过和平友好的方式来解决现有问题了。因此，无论大国还是小国，每个国家都应贡献自己的力量，履行国际联盟的盟约。

在这个紧要关头，国际联盟能依靠什么力量呢？它有自己的执法官和警察来执行它的决议吗？还是只能孤立无援，坐等沦为那些优柔寡断、热衷冷嘲热讽者高谈阔论时的一个空洞笑柄呢？世界的命运真是奇怪，现在机会来了，国际联盟可以指挥一个过去从未指挥过的、能够压倒一切的联盟，维护世界和平的警察就在手边，各个大国正齐聚日内瓦，全副武装严阵以待。出于各自的利益和责任，它们必须要维护国际法律，并在必要时以实际行动贯彻国际联盟依法做出的决议。命运究竟何去何从，我们到底是走向新时代还是回到旧时代呢？现在应做出抉择了。

一些自由党和工党人士对于上面这段话也极为赞同，当时他们正与我以及几个保守党的朋友共同合作。看到这番话，那些担心国家安危的保守党、工会主义者、自由党人以及一年前参加和平投票的众多反战和平主义分子，或许能因此联合起来。如果英王陛下政府能够通过国际联盟断然采取坚定的行动，武力反对法西斯势力，那么他们一定能领导英国勇往直前，为避免战火作最后的尝试。

直到3月26日，英国议会才开始组织讨论德国占领莱茵兰的事情。这是由于之前国际联盟行政院在伦敦举行了一次会议，占去了一部分时间。国际联盟这次会议得出的结论是：希特勒对于《法苏互助条约》的反对意见应该由德国提交给海牙国际法庭处理，在谈判期间德国不得向莱茵兰增兵。如果德国拒绝接受后面一条，英、意两国将依据《洛迦诺公约》赋予的义务采取必要行动。然而意大利的承诺根本没有多大意义。因为墨索里尼早就与希特勒来往密切，所以德国感觉自己实力雄厚，完全可以无视任何限制他在莱茵兰地区行动的条款。

因此，艾登先生坚决认为英国、法国和比利时三国现在应该举行参谋会议，提前研究对策早做准备，这样在未来必要时，就可以根据《洛迦诺公约》及时采取联合行动。这位年轻的外交大臣据此在议会发表了一篇演说，最终以其卓越的胆识赢得了众多议员的喝彩和掌声。我和奥斯汀·张伯伦爵士也都发表了长篇演说支持他。然而内阁对艾登先生的提议却不太感兴趣，连艾登要求举行参谋会议都很难办到。一般来说，此类会议都是秘密和非正式的，起不到什么外交筹码的作用。现在经过三周的谈判和抗议，得到的唯一结果就是举行参谋会议。德国破坏条约强占莱茵兰已经过去了这么久，而协约国就只做出了这么一个反应。

在演说中，我说道：

回首过去五年的外交政策，我们肯定不会感到高兴。这是多灾多难的五年。在此，我绝不想把这段时期世界上发生的一切坏事都归咎于我国政府……可是在这短短的几年里，我们的确能看到人类的命运正面临着前所未有的惊人变化，前途一片惨淡。五年前，大家都还觉得安稳无忧；五年前，大家都对和平满怀期待，憧憬着有一天世界和平、正义当道，到那时无论什么阶层都可以平等地享受一切科技文明成果，五年前，若是有人提及将会发生战争，这种行为绝对会被视为愚蠢透顶、罪大恶极，甚至说这人疯了……

德国入侵莱茵兰地区是件很严重的事情，因为它将威胁到荷兰、比利时和法国的安全。当听国务大臣说德国在谈判期间拒绝停止修筑防御工事时，我对此倍感担忧。我觉得要不了多久，他们就会在那里筑起一道防线，这将严重影响欧洲局势。因为对德国来说，这就等于在其前门构筑了一道屏障，让他们可以安心从东面和南面出击进犯他国。

英国和美国后来才开始逐渐意识到德国在莱茵兰修筑防线所带来

的严重后果。4月6日，当政府要求对外交政策进行信任投票时，我再次重申了德国在莱茵兰修筑防线其后果的严重性，我说：

　　大家都知道希特勒撕毁了所有条约，大肆在莱茵兰驻军。他的军队不仅此时驻扎在那里，而且将永远驻扎在那里。这一切都说明：纳粹统治在德国及其周边国家已经深入人心。德国不仅在那里驻军，而且还在莱茵兰地区开始着手或者说准备修筑防御工事。这当然需要一些时间才能完成。开始我们听说德国修筑的只是一般的野战工事，但是有人知道德国可以在野战工事的基础上，对其不断加强和完善，最终筑成的防线可以如同兴登堡防线一样完美。这道防线将是一个钢筋水泥做成的堡垒，里面有许多地下室。明眼人一看就知道这些野战工事除了在坚固程度上稍有差别之外，其他的与永久性防御工事完全一样。这项工程自铲掉第一块草皮开始，就会一直稳步进行下去，最后将会建成一道完美的防线。

　　我毫不怀疑，德国将用尽可能短的时间筑起一道坚固防线，这道防线将覆盖与法国接壤的全部边境线。也许是三个月，也许是四个月，或许是半年，我们就能看到一道异常坚固的防线了。那么这又将对外交和军事战略产生什么影响呢？在德国与法国的边境上设置这样一道坚固的防线，德国就可以减少这里的驻防兵力，把它的主力转而投向比利时和荷兰边境。我们再来看看东线的情况，莱茵兰防线对东线局势的影响可能来得更为直接。虽然这对我们没有构成直接威胁，但是无形中的威胁却迫在眉睫。在这些防御工事完成后，随着工程的日趋完备，整个中欧的安全形势都会有所变化。一旦这项浩大的军事工程完工，波罗的海三国、波兰、捷克斯洛伐克，当然还有南斯拉夫、罗马尼亚、奥地利及其他中欧国家势必会受其影响。

我的这些警告很快都得到了印证。

＊　　　＊　　　＊

德国继侵占了莱茵兰，修筑了对法国的防御工事后，很显然下一步就是要吞并奥地利。1934年7月，奥地利总理陶尔斐斯遭遇暗杀，拉开了这场阴谋的序幕。具体情况将在下一章详述。我们现在才知道，1936年5月18日，德国外交部部长纽赖特曾对美国驻莫斯科大使布利特先生坦诚地说，在处理好莱茵兰问题之前，德国不会在外交上主动采取什么新行动。他还解释说，在德国修好对法国和比利时的防线之前，德国政府绝不会支持奥地利境内纳粹党人的暴动，并且将对此进行严厉打击。另外，他们对捷克斯洛伐克将采取互不干涉政策。他说："一旦我们的防线完工，中欧国家会发现法国再也无法进犯德国领土。到那时，这些国家就会重新审视自己的外交政策，他们会产生不同的看法，在他们国家内部会兴起一种新势力。"接着纽赖特又对布利特先生说，现在越来越多的奥地利青年加入了纳粹党，奥地利迟早要被纳粹党统治，这只是时间早晚的问题。但是要想达到这一目的，关键就在于尽快建好德法边境上的那段防线，否则一旦德国与意大利发生争端，法国就会趁机进攻德国。

1936年5月21日，希特勒在德国国会发表了演说。他宣称："德国既不想干预奥地利内政，也不希望吞并奥地利，更不想同奥地利合并为一个国家。"1936年7月11日，希特勒同奥地利政府签订条约，在条约里德国承诺将不会采取任何手段来干涉奥地利内政，也不会积极支持奥地利的国家社会主义运动。然而这个承诺还没过五天，德国就暗中指示奥地利国家社会主义党加紧活动继续扩张。与此同时，希特勒也命令德国总参谋部开始拟定攻占奥地利的军事计划，只待时机成熟就开始行动。

第二章
TWO
德国加紧备战和西班牙内战

欧洲大陆的新霸主——德国再行不义——西班牙内战——德日签订《反共产国际协定》——武力与国际联盟并用政策——英王乔治六世登基——张伯伦先生继任首相——内阁的调整

　　在这一章中，我将详细阐释一下英国欧洲政策的原则。多年以来我一直遵守这些原则，未来也将继续坚持，不会改变。1936 年底，保守党外交事务委员会邀请我私下做了一次演说。我想这次演说内容应该就是我对英国欧洲政策的最好表述了。

　　　四百年来，英国的对外政策一直都是反对欧洲大陆上出现强大的霸权国家，反对带有侵略性质的国家，谨防低地国家①落入这些国家之手。纵观这四百年历史，无论人、事、环境和形势如何变化，英国的这个目标都始终如一，从未改变。在全人类所有国家、种族和民族的历史上，这都可以算得上是一件彪炳史册的事情。对于他们，英国这条历史之路一直以来都走得十分艰难。英国曾经同西班牙的菲利普二世斗争过。英国也曾在威廉三世和马尔巴罗的带领下，反对过路易十四。此外，英国还曾抵抗过拿破仑，反对过德国的威廉二世。如果英国当时能加入实力较强的一方，不费吹灰之力就能分享胜利果实，这的确具有诱惑力。然而，我们却总是走一条更加艰难的道路，选择加入较弱的一方，联合他国

---

　　①　指荷兰和比利时。——译者注

一起挫败和打退欧洲大陆上的军事霸主，不论对方是谁，也不管他所统治的是哪个国家。这样，我们就保住了欧洲的自由，让欧洲社会得以生机勃勃地不断变化和发展。经过这四次艰难的战争，我国的声望与日俱增，终于以一个不断扩张的帝国的姿态屹立于世界，同时也保证了低地国家的独立。联合弱国一起挫败军事霸主是英国对外政策的优良传统。时至今日，我们的思想依然建立在这些优良传统之上。我们的祖先一直秉承正义、睿智、勇敢、审慎的对外原则，就我所知，没有任何东西可以改变或削弱这些优良传统；就我所知，英国人的本性不可能变化到连这些优良传统都变得不可靠；就我所知，任何军事、政治、经济、科学方面发生的事情，都丝毫不能使我感到我们可以放弃祖先走过的这条道路。这个命题具有非常重要的意义，我之所以在此冒昧提出，是因为我认为如果你们接受这个观点，一切问题都会变得简单明了。

需要注意的是，无论哪个国家试图在欧洲称霸，英国的对外政策都一视同仁。问题的关键不在于称霸的国家到底是西班牙，还是法兰西王国或法兰西帝国，抑或是德意志帝国还是希特勒政权。英国的对外政策与国家的政治形态或由谁统治都没有关系。我们只关心谁是最强大、最有潜在称霸野心的暴君。我们没必要害怕别人说我们亲法反德。如果情况相反，我们也会亲德反法。这是我们一贯遵循的对外政策，并非出自偶然的权宜之计，也不是出于情感好恶的情绪化产物。

所以我们要搞清的一个问题就是：现在的欧洲，到底哪个国家最为强大，哪个国家想要称霸欧洲，给人一种危险的压迫感？单从这一年来看，具体说从 1937 年这几个月来看，现在欧洲最强大的是法国陆军。可是根本没人会担心法国会称霸欧洲。因为大家都知道法国无意扩张，只想安邦自守。

法国陆军非常强大，但仅仅是为了自卫，而且法国人向来爱好和平，只是担心邻国的侵略才壮大自己。他们坚定勇敢、崇尚和平，但总是因为自己的周边形势而焦虑不安。另外还有一个原因就是法国采用自由议会制，是一个自由的国家。

再来看看德国，它向来不惧怕任何国家。现在德国正加紧扩充军备，其规模在历史上可谓空前。一小股沾沾自喜的亡命徒现在正领导着这个国家。由于专制统治，德国经济每况愈下，人民不满情绪日益增加。再过不久，德国的统治者就不得不做出选择，究竟是继续任由财政经济崩溃、国家发生内乱，还是主动发起战争。这场战争的唯一目的就是想让整个欧洲变成德意志民族的欧洲，让整个欧洲都处于纳粹统治之下。这也是德国取胜后的唯一结果。因此，我认为，历史有可能即将重演。要想拯救我们的国家，就必须再次联合欧洲的一切力量，共同遏制德国的扩张，必要时应坚决予以痛击，挫败其称霸野心。请相信我，如果我们当初选择帮助路易十四、拿破仑和德皇威廉二世，当他们得胜称霸欧洲之后，他们肯定不会放过我们，反而会进一步削弱我们的地位，让我们国力衰弱，无力争雄。我们最崇高的使命应该是致力于让大不列颠帝国荣耀永存，万世永昌。所以我们不能被理想世界的幻觉所蒙蔽而走上歧途，这样其他邪恶的统治者就会乘虚而入侵略我国，到那时候我们的命运就会掌握在他们手中了。

国际联盟是一个广泛的概念，也是一个非常重要的机构。现阶段，它成了国际政治中一个重要的因素。实际上，国际联盟非常贴近英国的理念，与我国过去采取的方法和行动高度统一。而且在是非观念与和平观念方面，它也与我国有一致的地方，我们历来赞同要遏制主要的侵略国，这样才能维护世界的和平。我们一直希望各国之间和各国内部都能奉行法治、倡导自由。我们的先辈缔造了我国的光荣、伟大和文

明。他们并非出于其他企图，而是为了实现法治和自由，并通过艰苦奋斗，最终取得了胜利。英国人民一直期盼着能有一部国际法，可以依据法律和正义并通过耐心谈判来解决国际争端，这点十分可贵。我们不能低估这个理想对现代英国民主政治产生的巨大作用。几个世纪以来，或许人们还没注意到这一点，法治理想的种子已在劳动人民心中扎根，就像人民坚定地热爱自由，法治理想也坚定地在人民心中牢牢生根。我们不能忽视这些理想，因为它们是我国精神宝库中的精华。所以，我们应当坚信，要想保证我国的安全，最好的方式就是支持和加强国际联盟。另外，我们向来认为我国利益同全人类的伟大事业息息相关，所以进一步支持和加强国际联盟也是维护全人类伟大事业的最好方法。

因此，我有以下三点提议：第一，我们必须坚决反对未来的霸权主义者和具有潜在侵略倾向的国家。第二，现在的德国在纳粹的统治下，军备强大，必然会成为那样的国家。第三，为了遏制未来的侵略者，国际联盟应当采取最有效的措施联合各国，同时我们也应该团结我国人民。恕我冒昧，在此我谨提出以上这三点建议供你们参考，其他问题都可以据此做出推断。

发现和提出某些普遍原则往往相对容易些，但是实际运用起来就有些难度了。我们必须重视同法国的联盟。当然这并不意味着我们就得站在德国的对立面与德国交恶，这完全没有必要。我们只是要缓和法德之间的紧张关系，这是我们的责任，也符合我国的利益。就法国而言，我们要实现联合并不难。因为法国和我们一样，都是议会制民主国家，都极力反对战争，而且还有一点和我们相似，那就是在国防工作方面都面临着诸多阻碍。所以，我认为我们应该将与法国建立防御同盟作为重中之重。鉴于现在形势严峻，危险迫近，其他事情都应先放一放。这世上有些人，他们有一套明确的

处事原则并且谙熟于心，在面对那些变幻莫测以及意料之外的事情时，他们往往能从容应对，掌握先机。这是那些鼠目寸光，仅凭一时冲动行事的人所难以企及的。所以，我们首先必须要确定我们的前进方向。我个人主张国际联盟应建立自己的武装，以英法两国为核心，然后尽可能多地争取其他国家加入，共同抵御潜在的侵略国。让我们全力以赴，一起建立一个伟大的国际组织吧！如果这项事业远非我们力量所能及，或因别国的软弱、错误最后无法促成，那么我们至少也要确保英法两国能够同舟共济、互相扶持，因为我们是欧洲仅存的自由国家。只有这样，我们才能有十足的把握敢于迎接任何风暴并安全返航。

如果我们在英法联盟的基础上加上美国，如果我们把潜在的侵略者换个名称，如果把国际联盟改为联合国，把英吉利海峡改为大西洋，把欧洲换成整个世界，我今天的提议或许仍然适用。

＊　　＊　　＊

1936年希特勒强占莱茵兰，1938年希特勒又兼并了奥地利，其间整整间隔了两年，这比我预想的要长。一切基本如我所料，只是这两次灾难间隔的时间略长一些罢了。德国充分利用这段时间，加紧修建他们称之为"西墙"的莱茵兰防线。一道巨大的永久性或者半永久性防线日渐成形。陆军方面，德国已经开始实行完备的义务兵役制，他们的主力军团大多由充满热情的志愿兵组成。德国陆军人数每个月都有所增加，而且组织方面也越来越成熟，士兵素质也日益提高。空军方面，德国不但继续保持优势，而且逐渐与英国拉开了差距，并大大超越了英国。工业方面，德国的兵工厂也在高负荷运转，德国的工业体系完全变成了军工业，每个人都成了战争机器的一部分，机轮运转永不停歇，铁锤敲打昼夜不息。1936年秋天，希特勒在德国开始实行一个四年经济计划，对经济进行了重组，以便在战时能够实现自给自足。外交方面，他建立起了"强大的联盟"，这是他在《我的奋斗》一书中提到的一种外交政策。希特勒与墨索里尼达成共识，形成了罗马—柏林轴心。

1936 年中期以前，希特勒之所以能肆无忌惮地破坏条约，成功实施其侵略政策，并不是依靠自身的实力，而是巧妙利用了英、法两国的嫌隙和怯懦，以及美国隔岸观火的心态。他固然知道自己的实力无法抵御对方的全力反抗，所以他最初的行动都是抱着侥幸心理，孤注一掷。他最大的赌博就是强占莱茵兰并在那里修筑防线，居然大获成功。究其原因，主要是因为他的对手太过于优柔寡断，不敢接受挑战。1938 年，当他采取第二阶段行动时，他已经不再靠虚张声势了，他完全可以靠自身的实力攻城略地，这时候的德国已经拥有了雄厚的实力。当英法两国政府意识到这个可怕的变化时，为时已晚。

* * *

我时刻都在密切关注我们的备战工作。由于国防协调大臣英斯基普爵士与我关系不错，所以我在私下尽力协助他。1936 年 6 月 6 日，我应他的请求，向他递交了一份建议书，建议书中我主张成立供应部。但是直到 1939 年春，其间过去了将近三年，政府都没有采取任何有效行动，既没有成立供应部，也没准备对我国军工生产采取任何应急措施。

* * *

1936 年 7 月底，西班牙爆发了蓄谋已久的军事叛乱。西班牙的议会政府日益衰败，革命运动日益高涨，这一切最终催生了战争。事实上，西班牙发生的事情与当年克伦斯基时代发生的事情如出一辙。但略有不同的是，西班牙没有因为对外战争而元气大伤，军事实力保存

完好，而且非常团结。因此社会各阶层不得不开始考虑西班牙未来该何去何从。

我确信英国政府肯定无暇顾及西班牙的事情，因为他们自己也有很多事情要做。对此，法国提出了一个不干涉方案，提议各国不插手西班牙内战，让内战双方自己决出胜负。英国、德国、意大利和苏联政府对此都表示赞同。这样一来，就算执掌西班牙的极端革命派手握重金，都无法通过正当手段从外面购买军火。本来按照正常做法，应该先确认双方的交战形势，再决定各国要不要干涉，这样显得更合理一些。1861—1865年美国南北战争时，各国就是这样做的。然而，这次各个大国直接就做出了正式决定，同意执行不干涉方案。英国严格遵守这项协定，可是苏联、意大利和德国却违背诺言，援助交战双方。苏联支持一方，意大利和德国支持另一方，它们不断给这场战争火上浇油。德国尤其恶劣，派空军轰炸了西班牙的格尔尼卡，对这座不设防的小城进行了骇人的空袭实验。

6月4日，法国新任总理布鲁姆先生接替萨罗内阁组建了新政府。空军部长科特先生完全不顾及法国空军的实力，在其日渐衰落的情况下，依然提议向西班牙共和国军队秘密输送一些飞机和装备。对此，我感到十分焦虑不安。1936年7月31日，我给法国大使科尔宾先生写了一封信：

　　我一直主张维持之前的做法，各国都不进行干涉，可是现在我面临一个很大的困难，即德国提议各个反共国家组成联盟。如果法国决意支援现在的西班牙共产主义政府，向其输送飞机等武器装备，而德国和意大利支持另一方，我确信占据优势的佛朗哥势力势必会亲德意而疏远法国。希望你不要介意我这样说，这只不过是我的个人看法罢了。我可不希望听到有人说英国和德国与意大利搞联合，反对欧洲共产主义，那可就太糟糕了，所以最好各国都不要干涉。

　　我相信现在唯一正确和保险的做法就是，严格执行中立

政策，反对任何违反中立政策的行为。如果内战陷入僵局，国际联盟或许可以出面干预，尽早结束恐怖行动。但是我对此持怀疑态度，即使国际联盟出面干预，也未必能轻易结束内战局面。

*　　*　　*

这里还要说一件事。1936 年 11 月 25 日，德国召集各国驻柏林大使到其外交部，纽赖特先生向他们宣布了此前德日签署《反共产国际协定》的细节，并号召各缔约国采取联合行动，反对共产国际在缔约国境内或境外开展的任何国际活动。

*　　*　　*

1936 年整整一年里，全国上下和议会都对当前形势倍感焦虑，特别是英国的防空。11 月 12 日，在议会的辩论中，我就鲍德温先生未能实现他所做出的保证一事，提出了严厉的指责。这个保证是："英国任何一届政府，特别是本届联合政府，将一直保持英国空军的优势，让所有攻击范围远至我国海岸线的他国空军都无法企及。"我说："政府根本没有下决心这样做，或者说政府根本不能让首相下定决心发展空军。因此他们才一直陷入一种奇怪的矛盾心理之中，徘徊在下定决心和下不了决心之间，一会儿想做决定，一会儿又不想做，不断犹豫和动摇，最终竭尽全力却无所作为。我们的时间就这样月复一月、年复一年地白白浪费掉了。这段攸关国家存亡的宝贵光阴就这样让蝗虫啃食殆尽。"

鲍德温先生回应了我的指责，他在一次非常精彩的演讲中说道：

在此，我想以最坦诚的态度向议会解释一下我为什么没能兑现当初的承诺……我和丘吉尔先生之间的意见分歧是从

1933 年开始的。1931—1932 年，英国发生了金融危机，尽管反对党并不承认这一事实。此外，还有另一个原因，我提请议会注意，我一直极力倡导要实行民主原则，我曾在各种场合的发言中不止一次提到过，民主制度总是要比独裁制度落后两年，我相信这句话没错。事实的确如此。今天我就把我的真实想法明明白白地告诉大家。你们应该记得那时日内瓦正在举行裁军会议，你们也应该记得那时全国盛行强烈的和平主义情绪，这种情绪胜过战后的任何时期。你们还应该记得 1933 年秋，在富勒姆选区的选举中，联合政府以七千票之差失掉了一个议席，究其原因不是别的，正是由于和平主义的泛滥……作为一个大党领袖，我的日子并不好过。当富勒姆选区的这种反战情绪蔓延到全国的时候，我曾经问自己，在此后的一到两年中会出现什么转机能扭转这种反战情绪，让全国人民同意政府重整军备吗？如果那时候我对全国人民说德国开始重整军备了，因此我们也要重整军备，我们这个和平民主的国家会响应我的号召联合起来吗？可是谁又能说得准呢？因此，在我看来，逆势执意发展军备势必会让我们输掉大选，所以我就没有这么做。

鲍德温先生这话说得简直太直白了。他不顾体面就这样当众赤裸裸地承认了自己的动机。身为首相，竟然说因为担心输掉大选才不顾国家安全利益，这在我国议会历史上实在是前所未闻。当然，鲍德温先生肯定不仅仅是因为贪恋权位才出此下策的。其实 1936 年时，他的确已经很想退休了。然而，有件事在他心里一直放不下，他担心如果工党掌权其所做的事情会比自己还少，因此就决心不择手段赢得大选。尽管工党反对发展国防事业的所有声明和投票的确都有据可查，但是这并不能成为他为自己辩解的理由，况且他这种行为也不符合英国人民的精神传统。1935 年，他天真地承认了自己对空军均势的错误估计，保住了自己的权位，并得到了人民的谅解，可这次就没那么容易了。现在整个议会都大为震动。他这种行为确实给人们留下了非常糟糕的印象。此时的鲍德温先生身体非常虚弱，要不是另有一件意外的事情插进来，这件事对他的打击将是致命的。

＊　　　＊　　　＊

　　我国现在面临着两种威胁，一方面是极权主义的冲击，另一方面是英国政府安于现状、不思进取。此时在英国各政党中已经有一部分人预感到前方危机重重，于是他们达成共识，要求采取一些实际措施来保障英国的安全和自由。对此，我们的方案是在短时间内大规模重整军备，同时完全承认国际联盟的权威并运用它的力量。我把这个政策称为"武力和国际联盟并用政策"。我们都十分鄙视鲍德温先生在下议院的种种表演。艾伯特会堂里的那次集会标志着我们的主战运动达到了高潮。12月3日，各个政党领袖齐聚于此，其中包括强大的保守党右翼分子，他们深信国家正处在危急关头，还有发起和平投票的国际联盟协会的领导层。此外，还有很多工会的代表们，比如大罢工时我的老对手——工会主席沃尔特·西特林爵士，以及自由党和他们的领导人阿奇博尔德·辛克莱爵士。当时我们都有种感觉，我们的观点不仅开始受到重视而且势头迅猛，开始占据主导地位。可是就在这时，国王陛下执意要同他心爱的女人成婚，因此一切事情都被抛诸脑后。随后就发生了逊位危机。

　　当我准备答谢大家的深情厚谊时，人们纷纷高喊"国王万岁"，全场兴高采烈，欢呼声经久不息。因此，我也一时冲动当即表达了自己的个人立场。

　　今晚我们的心头还萦绕着一件大事。我知道几分钟后我们将高唱"上帝保佑国王"。这次将是我一生中最虔诚的一次歌唱。我知道国王一旦做出决定，一切将无法挽回，因此，我真心希望和虔诚祈求国王能静下心来深思熟虑，以免做出

后悔的决定。我相信时间和舆论终将发挥作用，虽然国王陛下性格独特，但是他一直深受人们爱戴，他一定不会轻易放弃他所深爱的人民。我希望议会在这场宪政危机中能发挥它的作用。这是英国和英帝国第一次表达自己的意见，我相信我们的国王一定会接受的。如果国王能顺从民意，英国人民对王位的占有者也会宽容相待。

随后发生的事情在这里就不细说了，因为不过是些激烈的争论罢了，时间很短，不值一提。爱德华八世还是个孩子时，我就认识他了。1910 年，在一次隆重的集会上，我以内政大臣的身份宣读国王的诏书，那时他被封为卡那封城的威尔士亲王。因此，我觉得自己有义务对他竭智尽忠。那年夏天，虽然我对未来发生的事情已经有所预感，但是我从没干预过他，也没有写信给他挑明此事。现在他很苦恼，于是就请首相允许我与他谈一谈。鲍德温先生同意了，我一接到通知，就立即动身前往贝尔维德堡晋见国王。我同他一直保持联系，直到他逊位为止。此外，我还尽力请求国王和公众保持克制，不要冲动，对此我从未后悔过。确实，除此之外我也没有别的办法了。

首相对英国人民的情感拿捏得十分到位。所以，毫无疑问，他非常清楚全国人民到底想要什么，并在国王面前将人民的意愿准确地表达出来。由于他在逊位问题上的讨巧表现，两周之内他又从深渊中走了出来，重回声望巅峰。而我有好几次只能以一人之力，独自面对整个暴怒的下议院为国王进行辩护。辩护时我并没有受敌对情绪的影响，但是人们无论如何都不愿听一下我的想法。我曾经作为主要发起人，通过了"武力与国际联盟并用政策"，召集了各种势力，让大家团结起来共同拯救英国的未来，可是现在却分崩离析。在舆论上，我也受到了沉重的打击，人们普遍认为我的政治生涯即将终结。可是事情就是这么神奇，虽然下议院曾经把我视为仇敌，但是在随后漫长而艰苦的战争岁月里，它竟能一直听从我的指引，最大限度地支持我，直到最后战胜每个敌人！这说明了为了安全起见，人还是要凭良心做事，这是唯一明智的做法。

爱德华八世逊位之后，我们迎来了乔治六世的登基。1937 年 5 月底，英国和整个大英帝国都沉浸在对新国王的赞美之中，全国上下都在举行盛大庄严的仪式，根本没人会关心国外的形势和我国的国防事业。这时的英国与欧洲仿佛相隔了几万英里，欧洲大陆的一切似乎都与英国无关。1937 年 5 月 18 日，新任国王陛下给我发来一封亲笔信，我获准可以在本书中引用。内容如下：

亲爱的丘吉尔先生：

　　你的来信让我感到十分亲切，在此表示感谢。我知道你向来对我亲爱的哥哥竭智尽忠，至今未变。12 月他的逊位在国内掀起了轩然大波，但是你依然对他表示同情和理解，对此我深受感动，这种感动不可名状。我深知作为一国之君，我必须要肩负重任，事事劳心劳力。你的来信祝福，是对我最大的鼓舞。你一直忠心耿耿为国家服务，的确是我国一位伟大的政治家。但愿世界各国都能像英国和整个英帝国这样，彼此之间充满美好情感，充满希望。

　　　　　　　　　　　　请相信我，你真诚的乔治
　　　　　　　　　　　　于伯克郡，温莎大花园，皇宫

那时我地位尽失，国王陛下待我却这般宽厚，这令我终生难忘。

*　　　*　　　*

乔治六世登基后，1937 年 5 月 28 日，鲍德温先生终于退休了。鲍德温先生获得了伯爵爵位和嘉德勋章，他长期以来都在政府中任职，这是他理应得到的。鲍德温先生一直在谨慎争取和维护自己的权力，但是却很少使用，现在终于放下了。他在热烈的气氛中退了下来，人们对他心怀感激和崇敬之情。由谁出任首相一职已毫无悬念。财政大

臣内维尔·张伯伦能力超群，过去五年里他一直担任政府的主要工作，而且他出身名门世家，首相非他莫属。一年前在伯明翰，我曾引用莎士比亚的一句话，说他是"肩负国家重任的驮马"，他欣然接受了我的恭维之辞。我并不指望他会邀我组阁，毕竟我们目前在重大事务上有严重的分歧，一起合作是不明智的。不过在我看来，一个生机勃勃、富有才能的人掌握大权总是件令人高兴的事情。在他担任财政大臣期间，他在财政上建议征收少量的国防税，此举不仅未获得保守党的支持，更招致反对党的抨击。在他刚出任首相的时候，我发表了一篇演说重新讨论这个问题，我希望这样做能让他体面地摆脱焦灼的境地。不论在公事上还是在私事上，我们的关系一直都不温不火，显得冷漠、客套和随意。

张伯伦先生对内阁做了细微的调整。此前在陆军部的事情上，他同库珀先生存在意见分歧。可是如今他却提拔库珀先生担任海军大臣这个要职，库珀先生为此感到十分意外。早些年，库珀先生在外交部任职。显然，首相还不了解这位新上任的海军大臣对欧洲形势是什么看法，就提拔了他。而真正让我感到意外的是，霍尔爵士居然愿意离开海军部，转而担任内政大臣，要知道他刚刚拿到了一大笔经费可以用于实施海军计划。霍尔似乎认为从广泛的人道主义出发来改良监狱制度，会很快成为热门话题，再加上他的家庭与 19 世纪英国著名的监狱改良者伊丽莎白·弗赖有关系，所以对改良监狱有着十分强烈的愿望。

* * *

我们不妨在这里把鲍德温和张伯伦两位首相做个比较。我认识他们很久了，我曾经做过鲍德温的下属，不久后我还将成为张伯伦的下属。相对于张伯伦，鲍德温先生更聪明睿智，有着超强的理解力，但是在行政工作上却不够细致。另外，对于国外形势和军事事务，他也不是很熟悉。对于欧洲局势，他知之甚少，而且根本没有什么兴趣去了解。然而，鲍德温先生对英国的政党政治却有着深刻的理解，在他身上一定程度上能看到英国民族的很多优缺点。作为保守党领袖，他曾带领保守党参加过五次大选，其中三次获胜。他善于静待时机，面对各种不利的批评声也能潜心隐忍。鲍德温先生有个突出的优点，就是善于让事态朝着有利于他的方向发展，然后在时机成熟时果断出击。在我看来，他跟历史人物罗伯特·沃波尔爵士非常相似，两人在英国的执政时间都非常长，当然沃波尔执政时间长的原因是因为 18 世纪的腐败，而鲍德温则不是。

而内维尔·张伯伦先生呢，他虽然固执，但非常自信，相当精明能干。和鲍德温不同的是，他不仅对欧洲局势了如指掌，对整个世界的局势也是如此。以前我们都很固执，只靠模糊的直觉行事，但是在他的政策引导下，我们现在的行动更加精准、高效。另外，无论在担任首相还是在担任财政大臣期间，张伯伦先生都能严格控制军事开支。在担任首相时，他曾极力反对采取一切紧急措施去诉诸武力。对于目前国内外每一位政界人物，他都有非常精准的判断，并觉得自己完全可以应付他们。他心中一直有一个愿望，渴望自己能够缔造和平，并因此而名垂青史。为了实现这个愿望，他不顾实际情况决心奋斗到底，哪怕让他和他的国家冒着极大风险也在所不惜。可是这场风暴出乎意料的强大，纵使张伯伦先生意志坚强、毫不退缩，也于事无补，完全无法抗衡。在大战开始后的几年中，以我对鲍德温的了解，我认为自己同鲍德温先生共事也许会比与张伯伦先生共事要容易些。可是他们俩都不愿意和我共事，从来都是形势所迫，在万不得已的情况下才愿意同我打交道。

*　　*　　*

1937 年的一天，我去拜访了德国驻英大使里宾特洛甫先生。那时，我每隔两周就发表一篇文章。在其中一篇文章中，我曾指出人们对他的演说内容有一些误解。当然在公共场合我都见过他好几次了。

当时他邀请我，问我能否光临寒舍一叙，我欣然应允。在德国大使馆楼上的一个大房间里，他接待了我。我们聊了两个多小时。里宾特洛甫对我非常客气，我们的谈话主要围绕当前欧洲形势，探讨了有关重整军备和外交政策的相关问题。他与我聊了这么多，大意是想与英格兰（当时欧洲大陆的人们习惯这样称呼我们）建立友好关系。他说他本可以做德国的外交部部长，可是他毅然请求希特勒允许他到伦敦工作，以便从中斡旋，促使英国和德国互相谅解甚至结盟。德国将会坚定不移地维护大英帝国的崇高威名和广袤疆域。另外，里宾特洛甫还提出他们可能想拿回原属于德国的殖民地，他认为这只是一件不值一提的小事。他希望当德国向东欧扩张时，英国可以不加干涉。他声称因为德国人口不断增长，他们必须要有充足的生存空间。所以，德国一定要吞并波兰，占领但泽走廊地区。此外，鉴于德国目前有七千万人口，考虑到德国未来的生存需求，白俄罗斯和乌克兰对德国来说也是必不可少的。而德国只是希望大英帝国不从中干涉。里宾特洛甫几次将我带到墙上的大地图前，向我解释他的计划。

　　听完他的话，我立即就斩钉截铁地说，英国政府决不会任由德国在东欧扩张。的确，我们与苏联的关系不好，并且和希特勒一样都敌视共产主义。但是他心里应该很清楚，即使保住了法国，英国也不会对欧洲大陆的命运坐视不管，更不会任由德国在东欧和中欧地区称霸。当时我们正站在地图前，我说完这番话后，里宾特洛甫突然从地图前转身走开，然后说道：“如果这样的话，战争就在所难免。没有别的选择，元首心意已决，任何力量都无法阻挡他的宏图霸业，任何力量都无法阻挡我们。”接着我们都回到座位上。那时我虽然有点名声，却只不过是个普通议员。我认为，当时我应当这样回答大使先生——事实上我清楚地记得我就是这样说的：“你所说的战争，想必是全面的战争。请不要小看英国的实力。英国是一个神奇的国度，外人可能难以理解我们的思维方式。不要单纯地以为现在政府的态度就能代表整个英国。当英国人民决心要为一项崇高的事业奋斗时，全体英国人民和英国政府绝对会做出让你意想不到的举动。”我又重复道：“请不要低

估英国，英国人很聪明。如果你们想要再挑起一次世界大战的话，我们势必会像上次那样，带领全世界把你们打个落花流水。"此时，这位德国大使情绪异常激动，站起来说道："噢，英国人也许是很聪明，但这次无论如何它都不能带领全世界再次击败德国了。"之后，我们换了轻松的话题，后来发生的事情就不值一提了。这件事一直深深印在我的脑海里。因为当时我将此事报告给了外交部，所以我想可以在这里写出来。

后来，当里宾特洛甫接受盟国审判时，他竟然歪曲事实对这次谈话进行了加工，还要求传我去作证。假如我真的被传去作证，那么我也只会按照上述内容如实相告。

第三章

THREE

德国全副武装

"总体战略目标"——德国的军备开支——独自进行的调查——
我同达拉第先生的通信——法国对德国空军实力的估计——我对德国
陆军实力的估计——法国空军的衰落

无论是在战争中、外交上抑或是其他方面，我们常常会面临许多
选择，这些选择有的让人欢喜，有的让人忧愁。我们只有抓住其中起
决定作用的重点，才能把握先机。当时，美国的军事思想中有一个新
说法叫作"总体战略目标"。我们的军官开始听到这个说法时，一般
都会呵呵一笑，但后来当他们逐渐明白其中蕴藏的智慧时，就慢慢接
受了。显然，这的确是一条普遍原则，人们在做其他重要的事情时都
要遵循这条原则。该原则虽然简单，但是一旦不遵循它，人们做起事
来就会混乱不堪，最终无功而返，事情甚至可能会因此变得越来越
糟糕。

在还没听到这个说法时，我个人早就已经遵照这条原则做事了。
在 1914—1918 年的第一次世界大战中，我已经见识了德国的可怕。现
在它的军力又完全恢复到战前水平，不由得令人担心。另外，尽管在
上次大战中协约国勉强胜利，但是现在只能眼睁睁看着对手日渐强盛
却束手无策，这更加重了我的担忧。每每想到这些，我的内心就无法
平静。鉴于我在某些大臣心里以及下议院中还是有些影响的，所以我
一有机会就千方百计利用这点优势，劝他们重整英国的军备，同时我
还敦促他们尽快寻找外交伙伴建立同盟关系，因为不久我们很可能需
要联合盟国，共同抗击法西斯的侵略。

有一天，有位朋友到恰特韦尔庄园看我，他在政府里做保密工作。

那天阳光灿烂，照得池水暖洋洋的，于是我们便在泳池里一起游泳。我们没有谈别的事情，所有的谈话内容都围绕未来会不会发生战争这个主题进行，他对此一直都半信半疑。临走时我送他到门口，突然他情绪激动地转身对我说："你知道吗，德国人一年在扩充军备上的财政支出就有十亿英镑啊！"当时我想我应该把这个事实告诉英国的议会和民众。于是，我开始研究德国的财政情况。虽然德国每年都会做财政预算并且公布出来，但是要想从这堆数字中找出事实真相还是相当困难的。1936年4月，我开始通过两条途径进行调查研究。一方面，我找了两个来英国政治避难的德国人，他们都非常精明能干，而且意志坚定，十分愿意帮我做这件事。他们知道如何从德国的预算数字中得出详细的财政情况，他们也了解马克的币值等相关知识。另一方面，我还向我的朋友斯特拉柯奇爵士请教，问他能否从这堆数字中查明真相。斯特拉柯奇执掌一家叫作"联合公司"的商行，这家公司资金雄厚，员工非常干练和忠诚。这家伦敦公司的精英们花了几周时间来专门研究这个问题，很快就得出了一份内容精确翔实的报告，表明德国每年的军费支出应该在十亿英镑左右。与此同时，那两位德国的政治避难者采用不同方法也各自得出了相同的结论。按照1936年的汇率换算，德国每年的军费支出的确是十亿英镑！

这样，我就可以根据这两套数据提出我的观点了。在议会辩论开始的前一天，我在议院休息室同当时仍任财政大臣的内维尔·张伯伦先生攀谈起来。我对他说："明天我要问你，德国每年的军费开支到底是不是十亿英镑，你承不承认这一事实，请给出明确答复。"张伯伦回答我说："我并不否认这一事实，如果你提了我肯定会承认。"在此我有必要写下我当时说的话：

据德国公布的官方数据显示，从1933年3月底到1935年6月底，其主要账目开支情况如下：1933年大约为五十亿马克；1934年大约为八十亿马克；1935年大约为一百一十亿马克。总计为两百四十亿马克，折合二十亿英镑。请看这组

数据，三年的支出比为五比八比十一。从以上数据可以看出，正是由于德国大力发展军工产业，其年财政支出才会呈现连年累加的态势。

此外我还特意质询了财政大臣：他是否知道连同建造战略性的公路在内，德国 1935 年直接或间接的军费支出或许可达八亿英镑；他是否清楚其今年的军费开支仍会继续保持这一数字。张伯伦先生回答说："英国政府虽然没有得到德国官方的数据，不过也掌握了一些情报。所以我有理由相信我这位尊敬的朋友各年数字的准确性，尽管他自己也承认，其中难免带有一些猜测的成分。"

我把十亿英镑改为八亿，一方面是为了掩护我的秘密情报，另一方面也是为了稳妥起见。

我千方百计地想弄清楚英德之间的实力对比情况。因此，我要求举行一次秘密会议，就此事进行讨论，然而却遭到了拒绝。他们的理由是"这样做可能会引起一场虚惊"。支持我的人寥寥无几，毕竟所有秘密会议历来都不受新闻媒体的欢迎。1936 年 7 月 20 日，我又请示首相，问他是否方便接见枢密院的顾问和其他几位组成的代表团，他们正想把自己所知道的事情告诉他。索尔兹伯里勋爵表示上议院也想组织一个类似的代表团一同去见首相。首相同意了。同时我也向艾德礼先生和辛克莱爵士发出了邀请，但是工党和自由党都不愿派代表参加。于是，7 月 28 日，鲍德温先生、英斯基普爵士和哈利法克斯勋爵在下议院的首相办公室接见了我们。随我同去的还有几位保守党人士和无党派知名人士。

这件事意义重大。在我看来，英国政治生活中从未发生过这样的事情。一群知名人士居然可以完全为了国家大事，集体面见首相陈情力谏，绝无私心。当然有一点不容忽视，这只是保守党一方的意见。如果工党或者自由党等反对党的领袖也来参加会议，政治形势恐怕会更加严峻，这股合力可能会迫使政府提早采取补救措施。整个会议为期两天，每天开会三四个小时。我常说鲍德温先生善于倾听，的确，会议过程中他一直饶有兴趣地聆听我们的发言。随他一同参会的还有许多帝国国防委员会的参谋人员。我在会议的第一天发言，整个发言持续了一小时十五分钟，发言中我详细分析了当时的形势。

结尾时我说道：

第一，我国正处在生死存亡的历史时刻。第二，我们只有与法国联手，才有望化解当前我们面临的危机。除此之外别无他法。一旦英国海军和法国陆军携起手来，让两国的空军在比利时与德国的边境上进行一些飞行活动，再加上英法两国所显示出的雄厚实力，一定可以震慑敌人，让我们摆脱困境。当然这只是最好的打算。具体说来，我们还必须要排除万难，加强自身的力量。要想一下子排除所有的隐患是不可能的。因此，我们必须要集中力量先解决重要的事情，其他不太重要的事情可以先放一放。说得再具体点，就是必须把大力发展空军放在第一位，必须不惜一切代价把我们的优秀青年培养为飞行员。不管采用什么方法，我们必须千方百计说服他们，鼓励他们投身空军事业。在飞机制造方面，我们必须要通过简化飞机制造流程和缩短工期，争取进入大规模生产阶段。另外，我们还要毫不犹豫地同美国和其他国家签订合同，尽力采购飞机制造所需的各种设备和原材料。我们的国家现在的确危机重重，这种危险实在是前所未有的，即使在潜艇战最激烈的时候（1917 年）。

我时刻都忧心忡忡：时光如梭，留给我们的日子不多了。如果我们长期疏于防务，等到强敌来袭时，再想整军备战可能就来不及了。

*　　*　　*

财政大臣内维尔·张伯伦先生未能出席，这令我们感到非常失望。

因为鲍德温先生的健康每况愈下，谁都看得出来他很快就要退休了。内维尔·张伯伦先生会接替鲍德温先生已是板上钉钉的事。可是不巧的是，内维尔·张伯伦先生由于正在享受他应得的假期而缺席了本次会议，没机会聆听保守党代表团的发言。要知道整个代表团中有他的哥哥，还有很多他重要的朋友。

此次会议上谈论了当前十分危急的形势，各位大臣对此表示了高度关注，然而直到 1936 年 11 月 23 日议会休会之后，鲍德温先生才邀请我们全体人员去听政府关于当前整个局势的分析报告。这份报告是经过深思熟虑后才写出的，英斯基普爵士为我们宣读了这份报告，其内容丝丝入扣、非常坦诚，对于英国当前面临的局势，没有丝毫的掩饰。他在报告中集中表达的一个意思是：我们的代表团，特别是我的发言，对于未来前景的估计未免过于悲观了。他说政府正在尽力（他们确实在这样做）挽回局面，不过就目前形势来看，政府尚无必要采取应急措施。因为一旦采取应急措施，我们的工业生产将受到影响，继而会引起大规模的社会恐慌，工业体系原来存在的缺陷也会因此显现出来。在政府能力范围内，能做的都已经在做了。听完这份报告，奥斯汀·张伯伦的一席话道出了我们每个人心中的想法：这份报告并没有打消我们的疑虑，这个答复根本不能令我们满意。于是我们便起身告辞了。

1936 年底，我感觉此时此刻，英国大势已去，已经难挽颓势了。不过，我坚信只要我们奋发图强做最后的努力，我们仍然还可以做很多事。就算这些努力不能将希特勒击败，但也能对德国造成不可估量的影响。现在最严峻的事情就是德国空军实力已经在我们之上，军工生产也大大超过了我们。即便是考虑到我们的陆军需求量比较小，再加上法国及其空军和陆军的支持，我们仍然落后于德国。要想在军事实力上超越希特勒已是不可能了，空中均势也一去不复返。德国陆军和空军登顶欧洲最强，已是大势所趋，任谁都无法阻挡。纵然我们可以通过采取不同寻常的办法来改善我们的处境，但是我们无法从根本上改变落后的事实。

这些令人担忧的结论并没有遭到政府的强烈反驳，反而对他们的外交政策造成了一定影响。慕尼黑事件之前，张伯伦先生已经就任首相。所以想要正确评价他在这一事件中所做出的决定，我们必须要把上面这些结论也考虑在内。虽然那时候我只是一个普通的议员，没有担任任何官职，但是我依然竭尽全力奔走呼号，希望政府能行动起来，采取不同寻常的措施，为战争做好准备，即使在全世界范围内引起恐慌也在所不惜。我尽力把现实情况说得更严重一些。我先是强调我们落后了两年，后来在 1938 年 10 月又提出同希特勒开战，这样看起来我有些前后矛盾了。但是我认为这样做无可厚非，因为我必须千方百计敦促政府加紧战备。另外，我当时在 1938 年提出同希特勒开战，现在来看这个想法是对的，1938 年先发制人的确要比 1939 年 9 月战争爆发时被动反击更加有利。关于这个问题，后面还会给予详细说明。

＊　　＊　　＊

　　正如我在前面所提到的，内维尔·张伯伦先生不久之后就接替了鲍德温先生继任首相。接下来我们也该讲讲 1938 年的情况了。空军大臣斯温登勋爵是位非常聪明能干的人物，长久以来在内阁中一直具有很高的威望，可以轻而易举地获得必要的资金和便利。人们对于防空事务的担忧与日俱增，1938 年 5 月，这种担忧到达了顶峰。这主要是因为在扩大空军规模、提升空军实力方面，斯温登勋爵虽然做了很多有意义的事情，但是效果都不是那么立竿见影，加之政府的所有政策在执行上都缺乏魄力和紧迫感。所以，人们的担忧自然会与日俱增。我仍然继续忙于研究我国空军的发展计划，支持我的人越来越多了。而斯温登此时却办了一件错事，他接受了爵位进入了上议院。要知道为空军部辩护都是下议院的事情，这样他就不能继续为自己和他的空军部进行辩护了。人们的惊慌和不满情绪日益高涨，从政府议员中选出的发言人根本不能平息这种情绪。在一次糟糕的辩论之后，空军大臣必须来自下议院已经成为一条公认的准则。

一天上午（5月12日），我和许多科学家、政治家和政府官员在防空委员会正忙着研究技术问题。就在这时，空军大臣接到通知，请他去唐宁街。他让我们接着讨论，自己单独离开了。然而他再也没能回来，因为他被张伯伦先生免职了。

紧接着在25日举行了一场激烈的辩论，我试图为这位被撤职的空军大臣辩护，让人们暂且抛开对政府的不满情绪，了解一下他的能力和付出：

最近发生的事情对英国政府造成了一定影响，政府发表的几篇声明都不太可信。关于我们空军的实力一事，下议院一直被蒙在鼓里，就连首相本人也被误导了。看看他3月份发表的声明吧，其中他谈到了我们的军备问题：

"瞧瞧英国现在的军事实力，是多么雄厚，多么令人震惊啊，全世界看到这个心里就安稳了。"

我经常警告下议院说，英国的空军发展计划已经远远落在他国之后了。尽管如此，可我从来没有指责过斯温登勋爵。因为我从来不认为他该受责备——当然只指责他一个人就更不对了。那些被迫辞职的大臣身上都有一些被别人忽视的优点，而批评政府的人往往能发现这些优点。在此我想引用一下三个月前我说过的一番话，当时我这样说道："我们不该让任何一位大臣为我们自己的过失背黑锅，这很不公平。这当然也包括斯温登勋爵在内。他的确非常能干，一心扑在工作上，为了加强我们的空军实力可谓是费尽心力。如果时间没那么紧迫，并且抛开其他方面的成就，单看他的成绩还是很辉煌的……"

距离德国公然开始重整军备已经过去五年了。在这五年里政府并没有兑现自己的承诺，这个严重的责任该由那些领导和统治我们国家的人来承担。所以，我自然不会加入责难斯温登勋爵的队伍。今天我还听到首相称赞了他，我很欣慰。

他的确值得我们同情。他以前和首相的交情很好，首相也很信任他，议会里的大多数人也很支持他。然而当他正着手发展空军的时候却要被迫辞职，我认为这很不合适。要知道再过几个月，大批飞机就可以下线投入使用了。对他来说，被迫辞职已经够不幸了，但大家却还要他对这段时间的所作所为负责。前几天，我读到伟大的马尔巴罗公爵的一封信，在信中他这样写道："临阵换将，兵家大忌。"

随后我又把话题转到我们的防务上：

自从我们公开宣布扩军以来，现在已经是第三个年头了。如果一切顺利的话，为什么还会有这么多亟待完善的地方呢？比如警卫队在训练的时候应该用机关枪，为什么用手枪代替？又比如为什么我们小小的本土防卫军还这么落后呢？不是一切都在按计划进行吗？既然你们已经考虑到我们的武装力量不足，为什么不能把本土防卫军和正规军一同武装起来呢？对于英国的工业水平而言，要办到这些并不难。英国的工业除了军火制造方面不如德国之外，在其他任何领域都要比德国更灵活而且产能更高……

前些日子陆军大臣被问及高射炮的情况时，他回答说，上次世界大战中我们用的那些三英寸口径大炮都已经进行了现代化改装。此外，我们还在生产一些新式大炮，估计会比"预定计划"提前完工。可是我们的预定计划是什么呢？假如我们每月只打算生产六门、十门、十二门、二十门大炮，或者类似数量的大炮，那当然不难完成，随随便便就能提前完工。可是这样的制造计划能满足我们的实际需求吗？一年之前我就提醒过下议院，德国在高射炮方面有了很大进展，根据德国当时公布的数据，他们共有三十个机动炮兵团，每个团包括十二个中队，高射炮总计约为一千两百到一千三百

门。另外他们还有三四千门固定大炮。这些大炮都很先进，已经不是 1915 年时的旧炮了，统统都是 1933 年以后制造的新炮。

德国在上述方面取得的巨大进步，难道还不能让下议院对目前形势有一个清醒的认识吗？虽然我们不是大陆国家，不需要像他们那样拥有一支强大的陆军，但是在防空方面，我们应该和他们旗鼓相当。因为我们和他们一样都有空袭之忧，而且我们的情况或许会更糟。当我们的政府拟定的高射炮制造计划还在三位数的时候，德国拥有的高射炮数量早已经达到四位数了……

在考虑海陆空三军的武器生产问题时，我们现在总是分别对待。可实际上，三军的武器供应问题都可以归结为一个共同原因，那就是技术工人、原材料、工厂、机器和技术设备的调配问题。只有设立一个集中控制机构来统筹协调，充分利用各个生产要素，才能彻底解决这个问题。然而，我们现在机构重叠导致效率低下，自然会造成很多资源浪费问题。为什么英国的飞机制造业这么成熟，居然还需要九万人之多？要知道德国只用了十一万工人，其飞机产量就达到了我们的两倍乃至三倍。这难道是一个正常现象吗？我们现在的飞机产量居然还赶不上德国，这真是难以置信。我觉得只要有一张办公桌，一块空地，充足的资金和劳动力，十八个月内生产大量飞机根本不成问题。鲍德温勋爵曾经下定决心要将空军扩大为原来的三倍，然而现在已经是第三十四个月了，这个想法还没有实现。

*　　*　　*

新任空军大臣金斯利·伍德爵士向我发出邀请，因此我得以继续留在防空研究委员会里工作。现在的空中形势比以前更加暗淡了，所

以我感到迫切需要林德曼的技术支持和指导。因此，我写了封信给他，信中说除非他愿意和我并肩作战，否则我就不干了。经过我背后的努力斡旋，林德曼终于重回防空研究委员会，我俩又可以并肩作战了。

*　　*　　*

1940年6月，法国战败，与德国签订了停战协定。在此之前，无论在战时还是在和平时期，无论在私下里还是在我作为政府首脑的官方层面，无论对方职位怎样变动，我一直都与法国总理和主要部长保持着良好的互信关系。当时我迫切想知道德国确切的扩军备战情况，想要把我自己手上的数据与法国人估计的数据加以比对。鉴于我与当时的法国总理达拉第先生私交甚笃，于是我给达拉第先生写了一封信：

> 丘吉尔先生致达拉第先生：
>
> 　　在德国空军实力评估的问题上，特别是在这几年，你的前任布鲁姆先生和弗朗丹一直都对我慷慨相助，向我透露了法国的看法，我非常感激他们。如蒙告诉法国目前的看法，我将不胜感激。虽然现在我手头上已经有一些关于德国空军实力的可靠资料，但是我仍希望能和不同渠道的资料进行比对，从而互相印证。
>
> 　　你在英国的访问获得了很大的成功，这真让我感到高兴。我衷心希望英法两国的参谋协商会议能够顺利举行。为此我已向各位大臣们力陈了召开这项会议的必要性。
>
> 1938年5月3日

1938年5月11日，达拉第先生给我回信了，随信附上一份长达十七页的文件。这份文件是"经过法国空军参谋部的深入研究"之后才得出的。我将这份重要文件转交给了就职于英国有关部门的朋友。他们仔细研究之后反馈说："此前英国空军参谋部依照自己的情报独立得

出的结论，与这份材料大致相同。"研究显示，法国对德国空军的实力评估要比英国略高些。6月初我得到了许多权威意见，于是我又给达拉第先生写了一封信。

丘吉尔先生致达拉第先生：

非常感谢，我已经从法国大使馆的武官处收到了你寄送的文件，这份情报的确非常宝贵。为我们的共同利益着想，我一定会谨慎利用这份情报，请你放心。

你方对于目前德国空军实力的评估，跟我方得出的结论大致相符。不过我更倾向于认为，德国实际制造的飞机应该比我们估计的略多些。因为数据显示的仅仅是德国装备军队的军用飞机数量，其中并没有包括出口的那部分以及给佛朗哥将军的那部分飞机。预计到1939年4月1日，德国空军应该会有三百个飞行中队；到1940年4月1日，其飞行中队应该会达到四百个。

1938年6月6日

此前我根据英国现有的资料估计了一下德国的陆军实力，我想趁此机会顺便征求一下法国的看法，以验证我的估算是否准确。因此我又说：

请允许我冒昧地附上一份很短的材料。这是我通过多种渠道收集的一些情报，里面是我对于德国陆军现在和未来实力的估计。如果这份材料能和你们的看法大致相符，那将会给我带来很大帮助。如果你们发现我有什么错误，请用铅笔在旁边注明你们认为正确的数字就行，谢谢。

摘要

截至6月1日，德国陆军共有三十六个正规师，四个装

甲师。这些部队全部按照战时编制，俱已人员齐备。非装甲部队正在迅速扩充之中，其规模会扩充至原来的三倍，现在可能已经达到原来的两倍了。至于炮兵方面，现有的七十多个炮兵师显然装备还不齐整。另外，整个军队普遍缺乏军官也是一个问题。不过不管怎样，到 1938 年 10 月 1 日，我们估计德国陆军将会拥有超过五十六个师，再加上四个装甲师，总共六十个师将全部完成整编。除了这些，德国还拥有一支训练有素的后备力量，他们的人数大约相当于三十六个师的兵力。骨干人员已经配备在编制中了。如果给他们配备一些军械、轻武器和少量的大炮，他们完全可以充当较低标准的现役部队。以上还不包括奥地利的兵力。奥地利的兵力预计最多有十二个师左右，只是没有武装。不过这不是问题，德国的军火工业随时可以向他们供应武器。除此之外，德国还有许多编外的兵力和组织，例如：边防军和民防队等。他们也是没有武器装备的。

达拉第先生于 1938 年 6 月 18 日给我回信：

　　我在 6 月 16 日的信中所附的材料与你的材料是相符的，得知这个消息让我非常高兴。

　　6 月 6 日，你随信附上一份摘要，其内容是有关德国陆军的情况，这与我所知道的是一致的。不过有一点需要特别指出的是，在德国可供作战的三十六个正规师中，有四个师已经实现摩托化，还有两个师很快也会完成摩托化。

事实上，根据我们战后从德国资料中取得的材料来看，我们在 1938 年夏天所得到的这份德国陆军情况的摘要非常准确。这份摘要是通过私人途径得来的，其准确程度实属惊人。这恰好证明了我为英国扩军所做的一系列长期斗争，都是有充分的情报作为依据的。

＊　　　＊　　　＊

我在书中曾几次提到了法国空军。要知道法国空军曾经在一段时间里是我们的两倍，那时候还不允许德国拥有空军。直到 1933 年，法国的空军力量在欧洲都是一支不可小觑的力量。可是，就在希特勒取得政权的同年，法国政府开始冷落空军，不再支持空军的发展。他们缩减了这方面的开支，工厂生产能力随之开始变弱，也不再设计新的现代化飞机了。法国实行一星期四十小时工作制，而德国则按照战时状态加紧生产，两者的产量自然无法相提并论。关于英国空中均势的丧失，前文已经做了详细说明。所有这些情况同英国空中均势的丧失大致发生在同一时间。事实上，当时西方各个协约国只要认为空军对保障它们的国家安全有利，就可以自由建立自己的空军，然而它们却都不约而同地忽视了这种重要武器的强大力量。而德国方面，虽然按照条约规定不能拥有空军，但是它却巧妙地利用了这种武器，先是作为一种军事威慑手段影响外交政策，然后又将其作为发动进攻的先头部队。

1936 年及其后的几年里，法国"人民阵线"政府采取了很多举措，促使法国海军和陆军完成了战备，可遗憾的是，偏偏在空军方面却没有进行相应的努力。直到 1938 年 2 月，居伊·拉尚布尔先生担任法国空军部长采取了有力举措后，法国空军才开始有所起色，一步步重新发展起来。然而这时距战争爆发只有十八个月了。德国陆军逐年强盛，越发成熟，赶上法国已成定局，法国自然无法阻挡，这点没什么好说的。可是法国政府任由自己的空军持续衰落，这就有些说不通了。我当然不能为盟国的内阁成员分担罪责，也不能对他们进行责问。不过如果法国想找出罪魁祸首的话，倒是可以从发展迟缓的空军方面深究一下。

*　　*　　*

　　整个英国和刚选出的议会现在都精神振奋、情绪激昂，因为他们先是感觉到了来自德国的威胁，随后又感觉到了德意可能联合的危险在渐渐逼近。为了应对这些危险，现在他们不仅愿意而且相当急切地想采取一切举措。如果早在两三年前就这样做的话，就不会有那么多麻烦了。虽然他们的态度有所转变，但是反对者的权力和任务的艰巨程度却在不断增加，形势依旧不容乐观。很多人都说，我们任由莱茵兰落入德国之手后，再想要阻止希特勒的野心，就唯有开战了。后世的几代人面临类似情况或许都会这样说。我们本来有很多事情可以做，完全可以把战备工作做得再充分些，那样我们的危险就会降低很多。可是对于那些没发生的事情，谁又能说得准呢？

第四章

FOUR

艾 登 先 生 辞 职

首相与外交大臣的意见不合——尼翁会议——哈利法克斯勋爵赴德国同希特勒会晤——罗斯福总统的建议——张伯伦先生的失职——艾登与张伯伦因罗马谈判问题分道扬镳——恰特韦尔的不眠之夜

在英国内阁中，外交大臣享有特殊的地位。他位高权重，尤其受人尊敬。然而，外交大臣在履行公务的整个过程中都要接受所有内阁成员，或至少是主要内阁成员的监督。他有责任向这些内阁成员报告事情的进展。按照惯例，他需要向他的同僚传阅行政电报、驻外使节发来的报告以及他与外国使节或其他重要人物的交谈记录。至少，这是我在内阁期间的情况。当然，首相也保留着这种监督权，首相有权亲自或通过内阁来掌控外交政策的主要方针，或者至少这些事务不能对他保密。所有的外交大臣，只有得到了首相的认可后，才能展开工作。事情要想顺利开展，外交大臣和首相不仅要在基本原则上达成一致，两人的观点和看法也不能出现分歧，甚至在某种程度上来讲，他们的性情都要相似才好。如果首相自身特别关注外交事务，那么这一点就显得尤为重要了。

艾登是鲍德温任内的外交部部长。众所周知，鲍德温一心渴望和平宁静的生活，从不主动干预外交政策。而张伯伦却与之相反，十分热衷掌控内阁的众多部门，对外交事务更是坚持己见、态度强硬，一上任就声称自己对外交事务拥有毋庸置疑的权力，可以直接同外交使节就外交问题进行讨论。因此，张伯伦就任首相后，人们隐约感到外交大臣的地位发生了极其微妙的变化。

此外，就对外交事务的态度和意见来说，首相和外交大臣的分歧

起初不太明显，但后来却出现了严重的分歧。首相希望同那两位欧洲独裁者保持友好关系，而且认为最好的方式就是同他们和解，避免做出任何可能冒犯他们的事情。而艾登由于曾联合欧洲各国反对过其中一位独裁者，在日内瓦赢得了声誉，因此如果由艾登来决定的话，很可能会主张对独裁者实施制裁，使形势濒临战争边缘，或许还会引发战争。艾登是英法协约的忠实拥护者，一直主张举行"参谋谈判"。他渴望和苏联建立更加密切的关系，对希特勒的威胁深感畏惧。我们落后的军事力量，和我国对外交事务的应对能力都使他感到不安。可以这样说，他和我之间没有多大的意见分歧，只是感到他有一点跛扈。因此，一开始我似乎就感觉到，随着世界局势变得愈发紧张，两位内阁领袖之间很可能产生分歧。

除此以外，首相有一位同僚，他似乎认同首相在外交事务上的一切观点，并深信不疑，这位大臣就是哈利法克斯勋爵。自 1922 年起，我和哈利法克斯就一直保持着亲密的关系。那年是劳合·乔治首相执政，哈利法克斯担任我的殖民部次官。我们在政治上长期以来分歧很大，在他担任印度总督时，就他的某些政策，我们有过十分激烈的争论，但这都没有破坏我们之间的私人关系。我认为我非常了解他，同时我也确信我们之间有一条鸿沟，我感到同样或类似的分歧也存在于他和艾登之间。因此，总的来说，如果张伯伦先生在组阁时任命哈利法克斯为外交大臣，那会明智得多，这样首相在外交部就有一个性格与自己相投的人，而且艾登也会更轻松地在陆军部或海军部任职。在艾登和张伯伦合作期间，他们之间的关系日益恶化。

现在我们不妨暂时把目光转回到下议院。在 1934 年 6 月间，日内瓦裁军会议的常设委员会无定期休会。7 月 13 日我说道：

> 我很欣慰地看到裁军会议正在淡出我们的生活，成为过去。把裁军与和平混为一谈是极其错误的，有了和平才能有裁军。然而，近几年来，一些国家之间关系持续恶化，恶意滋长，尽管人们高谈阔论、慷慨陈词，善意之情与盛大筵席

源源不绝，但实际上军事力量却在不断扩张，这已成为我们这个时代的特征。

＊　　　＊　　　＊

这几年国内外形势十分堪忧，此时，范西塔特爵士一直是外交部首席官员，他和《霍尔—赖伐尔协定》意外扯上关系，这影响了他和新任外交大臣艾登先生的关系，也削弱了他在政界的地位。首相越来越倚重他的首席工业顾问霍雷斯·威尔逊，遇事都同他商量，尽管许多问题并不在他的职务范围内。在首相看来，范西塔特是反对德国的。事实也的确如此，因为没有人比范西塔特更清楚地认识并预见到德国与日俱增的危险，也没有人比他更热衷于首先考虑德国问题，让其他一切事务都退让一步。外交部部长艾登先生认为，如果他能和卡多根爵士一起工作，会更得心应手，因为这位外交官员不仅享有很高的声望，而且能谋善断。1937 年底，范西塔特爵士被告诉要免去他在外交部的职位，并于 1938 年 1 月被任命为"政府首席外交顾问"。在公众眼里似乎是升职了，但事实上范西塔特再也无权管理外交事务。尽管他仍在原来的办公室办公，但外交部的电报要先交送到外交大臣那里，待其作了备忘录之后才转交给他过目。由于范西塔特也不愿意当驻巴黎大使，因此在很长一段时间内他都处于这种没有实权的地位。

＊　　　＊　　　＊

1937 年夏季至该年年底，首相与外交大臣之间无论是在处事方式上还是在目标上的分歧都越来越大。一系列事件的陆续发生最终导致了艾登先生在 1938 年 2 月辞职。

我们和德意两国的关系成了张伯伦先生和艾登先生产生分歧的导火线。张伯伦先生决心要不遗余力地和两位独裁者搞好关系。1937 年 7 月，他邀请意大利大使格兰迪伯爵前往唐宁街首相官邸。艾登先生

知道他们进行会谈，但没有出席。张伯伦先生向格兰迪伯爵表达了希望改善英意两国关系的意愿，格兰迪伯爵提议，张伯伦首相最好能够亲笔给墨索里尼写一封信，呼吁两国关系正常化，这或许会有利于两国关系的改善。于是，在会谈中，张伯伦坐下来写下了这封信。而此时，艾登先生正在外交部办公室，离会谈地点只有几米之遥，但首相却没有询问艾登先生的意见就把信寄出去了。这就是张伯伦首相和艾登先生产生分歧的原因。然而，这封信并没有产生显著效果，因为意大利增加了对西班牙的干涉，两国关系反而变得日趋恶化。

面对德意两个独裁者，张伯伦先生自认为他有一种特殊的个人使命同他们保持友好关系，并认为自己确实能够建立这种友好关系。对墨索里尼，他希望通过承认意大利对埃塞俄比亚的占领作为解决两国之间分歧的前提。对于希特勒，他准备在殖民地问题上让步。与此同时，他明确表示不准备改善英国军备状况，也不愿意考虑同法国展开密切合作，无论是在参谋部级还是在政治方面。而艾登却认为，同意大利达成的任何协定都会成为全面解决地中海问题的一部分，而这其中必然包括如何解决西班牙问题，并且还需要同法国达成谅解。在协商这个全面解决方案时，是否承认意大利在埃塞俄比亚的主权，显然可以作为讨价还价的一个重要筹码。因此，在艾登看来，如果我们一开始就扔掉这个筹码，并表示出我们急于想展开谈判，实在是一个不智之举。

到了1937年秋季，这些分歧变得更加严重。张伯伦认为，外交部阻挠了他同德意两国展开的谈判，而艾登则认为首相在设法同独裁者接近的过程中表现得过于急切，尤其在当前英国军备还十分落后的情况下。事实上，他们二人之间无论是在实际行动上还是内心想法上都出现了严重的分歧。

*　　*　　*

尽管我同现任政府有许多分歧，但我却非常赞成这位外交大臣的许多观点。在我看来，艾登先生似乎是政府中最坚决、最有胆识的人物。无论是在担任外交大臣政务秘书期间，还是在担任外交部副国务秘书时，艾登先生委曲迁就地做过许多事情，我抨击过这些事，至今仍会指责。尽管如此，我仍觉得他心中充满正义，对事情的起因了如指掌。每当外交部举行宴会，艾登先生都会特意邀请我参加，此外，我们常常有书信往来。这样做当然并没有什么不妥，因为依照惯例，外交大臣要同当时的政要保持联系，广泛讨论国际问题。艾登先生只不过是按先例办事罢了。

1937 年 8 月 7 日，我致信艾登：

西班牙问题打断了我的思绪。在我看来，尽管德国和意大利继续支援西班牙叛军，苏联为西班牙政府提供经济援助，但当前最重要的还是使布鲁姆同我们一样严守中立。如果法国政府反对叛军，那将助德国及亲德派一臂之力。如果你有空，请读读我星期一在《旗帜晚报》上发表的文章。

我在这篇文章里写道：

只有在双方对错参半时才会发生最激烈的争执。在西班牙，一方是贫穷落后的无产阶级，情绪高昂地要求推翻教会、国家和私有财产，创立一个共产主义政权；而另一方面，爱国主义者、信仰宗教者和资产阶级分子得到许多省份的农民的支持，在陆军的领导下，这些人试图通过建立军事独裁来恢复秩序。双方都孤注一掷，决心向对方展开残暴、无情的屠杀；骇人的仇恨一触即发，信仰和利益的冲突不可调和。最后很可能出现的局面是：无论哪一方取得胜利，失败一方的积极分子都会被赶尽杀绝，接着便开始长期的铁腕统治。

1937 年秋，我和艾登通过不同的途径达成一致意见，反对轴心国干预西班牙内战。每当艾登采取果断行动，即使行动规模有限，我也会在下议院给予他支持。我很清楚，艾登和内阁的一些高官以及他的上级存在一些分歧，我也知道，如果没有遇到这些困难，他会更果敢地行事。8月底，我们在戛纳多次见面。有一天我从戛纳到尼斯，途中在一家饭店请艾登和劳合·乔治一起吃午饭。我们的谈话涉及许多问题——西班牙的冲突、墨索里尼一贯的背信弃义和对西班牙内战的干涉，当然最后还谈到了日益强大的德国势力以及当前的黑暗形势。我认为，我们三个彼此之间十分认同对方的意见。当然，作为外交大臣的艾登对于自己和自己同上级以及内阁同僚的关系非常谨慎，丝毫没有提到这个敏感话题。他的言谈举止再得体不过了，不过我确信他在这个职位上并不开心。

* * *

很快，地中海发生了一场危机，艾登以坚定的态度巧妙地处理了这场危机，他解决事件的方式表明了他对我们的方针的信任。事情是这样的：在地中海，许多商船被所谓的西班牙潜艇击沉。很显然，击沉这些商船的并不是西班牙潜艇而是意大利潜艇。这纯属是海盗行为，使得所有了解此事的人立即采取了行动。9月10日，地中海各国在尼翁举行会议，范西塔特和第一海务大臣查特菲尔德勋爵偕同出席。

丘吉尔先生致艾登先生：

在上一封信里，你说希望在去日内瓦之前来看我和劳合·乔治。今天我们已经见过面了。在此我冒昧地提出我们的观点。

现在是督促意大利重新履行国际义务的时候了。我们必须制止地中海海域潜艇的海盗行为，他们丝毫不考虑船员的生命安全，击沉了许多国家的商船，为此，所有地中海国家都应达成一致协议，让自己国家的潜艇避开由英法海军负责

搜索的商运航线，因为在这些航线上，任何潜艇一旦被探测器探测到，即被视为海盗，会被立即追踪并击沉。我们应该以十分礼貌的方式请求意大利加入此行动，如果遭到拒绝，我们应该告诉意大利："我们就打算这样做了。"

同时，取得意大利的友好合作至关重要，因此，法国应该向意大利表明态度，如果意大利拒绝合作，法国将开放比利牛斯山边境，允许各种武器的输入。这样一来，意大利将面临以下事实：穿越地中海的海盗潜艇将会被肃清，即使没有意大利的帮助。同时法国边境一旦开放，由于意大利拒绝参加这个协议，它将一无所获。我们认为这一点至关重要。我们要联合向意大利施压，使意大利与其他地中海国家一起参加行动；要让墨索里尼明白，英、法两国这次不光只是嘴上说说，是当真的，如果一意孤行，意大利将承担极大风险，并一无所获，这足以对墨索里尼产生震慑作用。

看来德国今年还不准备发动大战，如果想同意大利在将来建立友好关系，现在就必须考虑一些问题。我们面临的危险是：墨索里尼认为可以通过恫吓和威胁来解决一切，最终我们也只是说几句空话，然后不了了之。由于这关系到欧洲和平，我们现在就应该表现出一个坚定的态度，如果你觉得能够对此采取行动，我们向你保证，不管形势发生什么变化，我们都会在全国范围和下议院支持你。

就我个人而言，我认为这对你来说是一个重要时刻，就如同当初莱茵兰非军事化遭到破坏后，你坚持同法国举行参谋会谈一样重要。勇敢之路才是安全之路。

只要你觉得这封信对英国利益有利，对和平发展有利，无论是在私人场合还是在公共场合，请随便利用这封信。

此外，我向劳合·乔治宣读了这封信，他表示完全赞同信上的观点。

1937 年 9 月 9 日

尼翁会议简短而又成功。会上达成协议，同意组建英法反潜巡逻队，奉命铲除巡逻中发现的任何潜艇。意大利默许了此项协议，因此海上暴行立刻终止了。

艾登先生致丘吉尔先生：

你现在也许已看到我们在尼翁会议中所确定的方针，其中至少有一部分和你信中的建议内容相符。我希望你会认为这次会议的结果是令人满意的。至少在我看来是这样的。至关重要的是，会上我们强调了英、法之间能够进行有效合作，并且这两个西方民主国家现在仍能在欧洲事务中发挥举足轻重的作用。我们最终达成的行动方案是由法国和我方共同制定的，我必须说，法国同我们的合作再真诚不过了，我们甚至对他们打算提供的海军合作范围之大感到吃惊。公平地说，如果把他们的空军支援也包含在内，我们的力量就各占一半了。

我承认目前我们只是处理了西班牙问题的一个方面，但这大大提高了我们在各国的威望，这也正是此刻我们迫切需要的。地中海沿岸那些小国家的态度十分令人满意，在土耳其热情洋溢的友好态度影响和感染下，他们的行动十分配合。查特菲尔德同所有人都建立了友好关系，因此，我认为，这次尼翁会议凭借其精简和成功使我们再次赢得了声誉。希望你也有同感。

至少，这次会议对我们和法国是一个鼓舞，激励我们要共同应对所面临的异常艰巨的任务。

1937 年 9 月 14 日

丘吉尔先生致艾登先生：

感谢你在百忙之中给我回信。我的确要向你表示祝贺，因为你们取得了非凡的成就。这真是难能可贵，用严厉有效

的措施对付了坏人，又没有引发任何战争的危险。我相信，下议院定会对这个结果非常满意。

我很高兴地看到张伯伦一直支持你，而不是像大众媒体所说的那样在背后牵制你。我希望你能牢牢把握现在获取的优势。墨索里尼只懂得优势武力，就像现在他在地中海面临的情形。自法国基地任由我们使用时起，整个海军形势就发生了翻天覆地的变化。意大利无法抵制英法有效的联合行动，因此，我希望能让墨索里尼自寻出路，摆脱因自己酿成大错而陷入的外交窘境。为了我们无可非议的和平目的，我们在地中海公开而明确地反对墨索里尼，对墨索里尼来说，这本是可以竭力避免的，因此，他真可谓是作茧自缚。英法两国海军的合作现在已开始，我希望这种合作能够永远继续下去，两国的海军和空军能继续互相利用彼此的装备，这对于防止巴利阿里群岛的冲突也是极其必要的。意大利继续在地中海反对我们，这对大英帝国来说是一个极大的威胁，将来是要加以对付的。而我们现在的这种部署维持的时间越长，这种危险性就会越小。

伯纳德·巴鲁克来电说，他正在撰写同美国总统谈话的记录（在我们伦敦谈话之后）。我毫不怀疑，美国总统反对独裁的言论深受我们谈话的影响，而且我也相信，他们一定在探讨关税和贸易方面的问题。

1937 年 9 月 20 日

艾登先生致丘吉尔先生：

非常感谢你 9 月 20 日的来信，非常感激你对尼翁会议所做的总体评价。我认为你对尼翁会议的总结"用严厉有效的措施对付了坏人，又没有引发任何战争的危险"贴切地描述了当时的情况。墨索里尼极不明智地触碰了我们的底线，因此必须受到惩罚。毫无疑问，在强大的空军力量的伴随下，

八十艘英法驱逐舰巡视地中海的壮观场面无疑给欧洲的舆论留下了深刻的印象。从我收到的报告来看，德国也很快注意到了这件事。今年秋季，我们不得不采取守势，这是因为我们两国只能够以这种方式维护目前各自的地位，这对我和德尔博斯来说都是一种安慰。我们的军事力量还不及预期，未来仍困难重重，但尼翁会议提高了我们的地位，为我们赢得了更多的时间。

你认为我们在地中海构建的英法合作十分重要，对此我表示由衷的认可。法国上下的态度与以前赖伐尔执政时期相比，可以说是大相径庭。法国海军参谋提供了极大的帮助，他们竭尽全力，为我们的联合部队做出了巨大的贡献。我相信，这一定给我们的海军部留下了深刻的印象。不管意大利最后以什么形式参与，都不会影响现在的整个局面。

1937 年 9 月 25 日

尽管尼翁会议只是一个偶然事件，但它却证明了英法联合力量的影响力，如果英法两国能表现出坚定的信念，表现出随时可以使用武力的姿态，一定会对独裁者的心理和他们所采用的方针政策产生强大的影响力。现阶段，我们还不能断定这种政策一定可以阻止战争的发生，但至少可以推迟战争。事实是，各种形式的"绥靖政策"只会鼓励独裁者进行侵略，使独裁者从本国人民那里获得更多的权力，而西方民主国家任何积极的反抗都会产生立竿见影的效果，起到缓和紧张局势的作用。这个规律在1937 的整整一年中得到了充分的体现，而之后整个局面和形势又大不相同了。

*   *   *

1937 年 10 月，我应外交部之邀，参加了宴请南斯拉夫总理斯托亚丁诺维奇的晚宴。宴会后人们站起来互相交流。正当我和艾登交谈之际，哈利法克斯勋爵走上前来，友好地告诉我们说戈林邀请他去德国打猎，因此他很有希望见到希特勒。他说已经把这件事告诉了首相，首相认为是件好事，因此他得到了首相的许可。我当时有这样一种印象：艾登非常吃惊，并对此有些不满。不过一切都在愉快的氛围中过去了。于是，哈利法克斯以"老猎手"的资格访问了德国。纳粹媒体称他为"哈拉里法克斯"勋爵，并以此表示对他的欢迎，因为"哈拉里"本来是欧洲大陆上人们打猎时的呼喊。在几次款待后，哈利法克斯终于被邀请前往贝希特斯加登，同德国元首希特勒会面，这次会晤既不正式，也不隆重，而且进展得也不顺利。人们很难想象他们两人之间怎么能相互理解呢，一个是约克郡高派教会出身的贵族，热爱和平，在英国旧式生活的友好和善环境中长大，曾参加过战争，是个好军官；而另一个却是个出身穷困潦倒、心中充满邪念的恶棍，受过失败的刺激，满腹仇恨和报复心理，野心勃勃，一心要让日耳曼民族称霸欧洲甚至全世界。因此，除了闲聊一些无关痛痒、令人尴尬的话题外，会晤毫无收获。

*　　*　　*

在此，我想提一下里宾特洛甫，他曾两次邀请我访问德国，时间是在 1907 年和 1909 年，我当时是以殖民地事务部次官和牛津郡义勇骑兵少校的身份，应德皇的邀请赴德参观演习。但是现在情况大不相同了。激烈的斗争正在进行，在这个斗争中我有我的立场。如果能得到英国的授权和支持，我会很乐意会见希特勒，但是以个人的身份会见，就会把我和我的国家置于不利的地位。如果我同意这个独裁者的观点，那将是对他的一种误导，但是如果我不同意，就会冒犯他，并被扣上破坏英德关系的罪名。因此，我婉言拒绝了这两次邀请，自然地将其推诿了过去。在这些年中，所有与德国元首会晤的英国人要么被弄得十分尴尬，要么会伤及名誉。恐怕没有人比劳合·乔治受害更深，因为他兴高采烈地把同希特勒的谈话描写了下来，使今日读到这段记述的人都不免感到可笑。无疑，希特勒有一种迷惑人的能力，很容易使来访者感到他的权力和威望。除非能平等相见，否则还是敬而远之为好。

在 11 月，我们重整军备的低效迟缓让艾登越发担心。11 月 11 日，艾登拜见了首相，并试图表达他的担忧，但没说几分钟，张伯伦先生就拒绝继续听下去，劝告他："回去吃一片阿司匹林吧。"哈利法克斯从柏林返回后报告说，希特勒告诉他殖民地问题是英德之间唯一有待解决的问题。他认为德国并不急于解决这个问题，因此暂时还谈不上什么和平解决的希望。他的结论是消极的，态度也是被动的。

1938 年 2 月，这位外交大臣感到自己在内阁中已孤立无援。首相张伯伦反对艾登和他提出的观点，并在这个问题上得到了内阁的有力支持。所有大臣都认为外交部的政策太过危险，甚至具有挑衅性。而一些年轻的大臣却表示理解艾登的观点，一些人后来还抱怨说艾登没有把他们当成自己人，没有推心置腹地向他们表明自己的观点。尽管首相反对艾登，艾登却从未想过要组建一个小团体来反对自己的领袖。对于艾登在内阁中的境遇，三军参谋长没有给他提供任何帮助，只是嘱咐艾登要小心谨慎，妥善应对当前危险的局面。就法国而言，三军参谋长不愿意与其走得太过亲近，以免英国承担力所不及的义务。对于苏联清党后的军事实力，参谋长们都不看好。他们认为现在急需解决的是我们自己的问题，设想我们同时面临三个敌人——德国、意大利、日本——他们可能同一时间联手攻击我们，而我们又几乎得不到任何国家的援助；或许我们可以要求使用法国空军基地，但又无法立刻派出军队。参谋部用这种极其谨慎的方式给内阁大臣们提出了自己的建议，然而就连这种谦和的建议也遭到了内阁的强烈反对。

*　　*　　*

但外交大臣与首相决裂是由另一个问题引发的。1938 年 1 月 11 日晚，美国副国务卿韦尔斯先生访问在华盛顿的英国驻美大使，他带去罗斯福总统给张伯伦先生的一份密件。罗斯福对于国际局势的恶化深感不安，因此提议主动邀请一些国家的政府代表，前往华盛顿讨论目前分歧的潜在原因。然而，在此行动之前，他想先和英王陛下政府磋商，询问英国政府对此的建议，并强调不要向其他政府透露这项提议，更不要告诉他们这项提议的性质。他请求英方必须在1月17日之前给他回复，并暗示英国大使，只有他的建议得到了"英王陛下政府的认可和大力支持"后，他才会向法国、德国和意大利政府提出该项建议。而这个行动的实施却是异常艰难、难以预测的。

英国大使林赛爵士把这份密件送交伦敦时说道，他认为美国总统的这项计划确实是想缓和国际紧张局势，如果英王陛下政府不予支持，过去两年英美合作的成果都将前功尽弃。因此，他恳请英国政府接受此项提议。英国外交部在1月12日收到了华盛顿的电报，并于当晚把副本送至在乡间休息的首相。第二天一早，首相回到伦敦，根据他的指令，外交部给美国总统发了一份复电。此时，艾登正在法国南部度假。张伯伦的回复表示：他非常感谢罗斯福总统对他的信任，能以这种方式同他协商美方所提出的计划，以此来缓和欧洲目前的紧张局势，但他还想说明一下自己和德意两国努力达成协议的立场，特别是在意大利占领埃塞俄比亚的问题上的立场。电文说："如果能够得到国际联盟的授权，同时意大利政府的确愿意为恢复英德信任和建立友好关系做出贡献，英王陛下政府愿意对意大利占领埃塞俄比亚一事在法律上给予承认。"电文还说，首相提及这些事实是为了让罗斯福总统考虑，他目前的提议是否同英国现在的努力相抵触，因此，推迟执行美国的这项计划是否会更为明智？

总统收到这封复电时有些失落。他表示将于1月17日以书信的方式回复张伯伦。1月15日晚，外交部部长艾登回到英国。催促他回国的并不是上级，而是外交部的一些官员，他不在时上级照样可以办公，但这些官员对艾登先生一直忠心耿耿，其中他的手下卡多根在多佛尔码头等着他，随时保持警惕。艾登长期以来致力于改善英美关系，并为此做出了许多努力，因此这个消息使他焦虑不安。由于张伯伦的回

复令人扫兴，因此艾登立即发了一封电报给林赛爵士，试图缓解这份回电所造成的不良影响。1 月 18 日早晨，罗斯福总统的回信送达伦敦，信中表示，鉴于英国政府正在考虑直接同意大利展开谈判，因此同意推迟执行他的提议，但是英王陛下政府可能会承认意大利在埃塞俄比亚的地位这一点让他深感不安。罗斯福总统认为，这可能会严重危及日本在远东的政策，同时也会对美国公众舆论造成不良影响。国务卿科德尔·赫尔先生把这封信交给驻华盛顿的英国大使时强调说："承认意大利在埃塞俄比亚的地位将会招致极大的反感，并且这种火中取栗的冒险之举会让人心生恐惧，这将被视为欧洲的一项腐败交易，这个交易是以牺牲美国最为关心的远东利益为代价的。"

罗斯福总统的回信在内阁的外交委员会上被多次讨论。艾登成功地扭转了内阁成员对这件事的态度。许多大臣以为艾登会对此非常满意，但其实他并不满意。两次讨论之后，两封公函于 1 月 21 日晚发给华盛顿，大意是说，首相非常欢迎罗斯福总统主动提出建议，不过如果美国的建议在各国的反应都不好，那么英国政府不愿分担失败的责任。张伯伦先生指出：就我们自己而言，也不会毫无保留地接受美国总统提出的建议，因为这显然会激怒欧洲的两位独裁者，还会刺激日本；张伯伦同时指出：关于我们在法律上承认意大利占领埃塞俄比亚的立场，英王陛下政府认为罗斯福总统并不能完全理解。第二封信函实际上解释了我们在此事上的态度，我们愿意承认，其目的只是想把它作为全面解决意大利问题的一个办法罢了。

英国大使于 1 月 22 日向美国总统递交了文件，同时将他与副国务卿韦尔斯先生的谈话向英国政府做了汇报。大使说韦尔斯先生告诉他，罗斯福总统把英国承认意大利占领埃塞俄比亚视作一颗苦涩的药丸，我们两国必须吞下这颗药丸，而且他希望我们一起吞下去。

罗斯福总统的建议是想利用美国的影响促使主要的欧洲国家坐到一起，就全面解决欧洲危机的可能性进行磋商。这自然会涉及利用美国强大的力量，尽管只是个尝试性的建议，结果是否有效还不敢肯定，但罗斯福总统的建设性提议却遭到了张伯伦先生的拒绝。英国首相的

这种态度很明显与外交大臣的看法不同。尽管他们的分歧在一段时间里只局限于内阁圈子里，但是他们的纷争却是根深蒂固的。张伯伦先生的传记作者法伊林教授对这一段插曲的描述颇有些意思，他写道："张伯伦深恐欧洲的两个独裁者会对这个建议置之不理，或者利用民主国家结为统一战线作为发动战争的借口，而艾登回到英国后，却表示宁愿冒战争的风险，也不愿失去美国对英国的好感。这是艾登辞职的最初迹象。不过最终还是找到了一个折中方案。"可怜的英国人，日复一日、年复一年地过着自由自在、无忧无虑的生活，那些温文尔雅的议员滔滔不绝地发表着毫无意义的言论，而英国却沿着一条下坡路，向着本来想要避免的方向，迷茫彷徨地走了下去。除了一些敢说实话和令人尊敬的媒体，那些最具影响力的报纸头条新闻仍在安抚人心。英国的表现就好像全世界都同它一样，舒适安逸、胸无城府、充满善意。

*　　*　　*

显然，外交大臣的辞职不完全是因为张伯伦断然拒绝美国的提议。罗斯福先生使美国卷入欧洲黑暗的政局，对本国政治来说确实是冒了极大的风险。英美来往的电文只要对此内容稍有泄露，美国国内的孤立主义势力就一定会对总统群起而攻之。在充满仇恨和恐惧的欧洲，没有什么比美国的出现更能延缓甚至阻止战争的爆发。对英国来说这简直就是生死存亡的关键。现在回想起来，当时没有人能够估计美国的出现会对奥地利局势的演变以及随后的慕尼黑事件产生什么影响。我们必须承认，美国的提议使我们有机会不通过战争就免遭暴政，而我们却拒绝了这样的提议——事实上确实如此，这样我们就失掉了最后一个稍纵即逝的机会。张伯伦目光短浅，对欧洲政局缺乏经验，但他竟如此狂妄自大，拒绝了从大西洋彼岸伸出的援手，时至今日，这一举动仍令人惊诧。一个正直干练的好心人，负责掌控国家的命运，也掌控着国民的未来，却在这个重大事件中表现得毫无分寸，甚至缺

乏自我保护的观念，这实在令人扼腕。时至今日，人们也无法设想，到底是什么心态促使他采取这样的外交姿态。

＊　　＊　　＊

我还没有讲到面对慕尼黑危机时，英国对苏联提出合作请求一事的处理经过。英国不仅疏忽了自己的防务，还试图削弱法国的防务。我们和这两个大国（苏联和美国）之间的关系渐行渐远，但实际上，我们需要他们的力量来拯救自己，同时团结起来也可使他们免于战争。如果英国人能够早日认识到这些问题，历史的进程就会迥然不同。当时就这么一天天过去了。在十年后的今天，就让我们以史为鉴吧。

＊　　＊　　＊

1月25日，艾登前往巴黎同法国洽谈，此时他的信心已经有所减弱，对未来已不抱太大的希望。现在，一切都取决于能否成功接近意大利，而这一点我们已经在致罗斯福的复信中提及。法国政府官员极力向艾登表示，必须把西班牙问题纳入全面解决意大利问题之中。关于这一点，艾登非常赞同。2月10日，首相和外交大臣会见了格兰迪伯爵，他声称意大利已经准备开始谈判。

2月15日传来消息说，德国要求把纳粹主要人物赛斯·英夸特引入奥地利内阁，并任命他为内政部长和公安部部长，奥地利总理许施尼格被迫接受了德国的要求。这一严重事件竟然也没能消除张伯伦和艾登之间的紧张关系。2月18日，他们再次会见了格兰迪伯爵，这是他们两个人最后一次共同处理公事。意大利大使格兰迪伯爵拒绝讨论意大利对奥地利的立场问题，也不考虑英国提出的从西班牙撤退志愿军的计划（所谓志愿军就是指意大利五个师的正规军），只是要求在罗马举行一般性会谈。对此，首相张伯伦翘首以盼，而外交大臣艾登则强烈反对。

此后就是冗长的磋商和内阁会议。关于这些谈判和会议的内容，现在唯一公开的权威记录就是张伯伦先生的自传。法伊林教授说，首相"让内阁明白，要么艾登辞职，要么他自己辞职"。法伊林从授权查阅的若干日记和私人函件中引述了下面一段首相说的话："我认为必须把话说清楚，我无法接受任何和我意见相反的决定。"法伊林写道："内阁一致同意首相的意见，虽然有所保留。"在冗长的讨论会上，我们不知道这些声明是何时提出的，也不知道是怎样提出的，只知道最后艾登先生简明地表达了自己辞职的意愿，理由很简单，他不能同意在这个阶段和在这种情况下举行罗马会谈。对此，同僚都惊诧万分。法伊林先生说他们"大为震动"。但他们不知道外交大臣和首相之间的分歧已经到了剑拔弩张的程度。显然，如果他们知道讨论罗马会谈这件事会牵涉到艾登先生的辞职，他们将转向争论一个更宽泛、涉及面更广的新问题。然而，他们刚才一直专门讨论的正是这件引起争议的事情的是非曲直。那一天剩下的时间都用在竭力劝说外交大臣改变他辞职的念头上。看到内阁为此不安和苦恼，张伯伦先生自己也是深有感触，说："看到我的同僚为此感到如此吃惊，我提议休会，明天再继续讨论。"艾登认为继续探寻解决方案已经毫无意义，因此他于20日午夜正式提出辞职。首相写道："依我看，他的这一举动值得大加赞赏。"哈利法克斯立即被任命为外交大臣。

　　当然，外界已经知道内阁里出现了严重的分歧，尽管原因还不清楚。我对此早有耳闻，但是在同艾登的谈话中，我小心回避了这些话题。我希望艾登先生除非能找到支持自己辞职的理由，要不然无论如何都不要辞职，这样他在议会里的许多朋友才有机会把问题揭露出来。但此时的政府是那么的强大和至高无上，所以这场斗争主要是首相和外交大臣之间的斗争，只好在内阁密室中展开了。

＊　　＊　　＊

　　2月20日深夜，我坐在恰特韦尔庄园的老房子里（像我现在常常坐在那里一样），我接到一个电话说艾登已经辞职了。坦白地讲，我的心顿时沉了下去，一时间，我被失望的暗潮淹没。在我漫长的一生中，经历过多少盛衰荣辱。在不久就要到来的战争中，即使是在最黑暗的日子里，我也从未失眠过。在 1940 年的危机中，我身肩重任，并且在接下来的五年里，我也经历过许多寸步难行的时刻，但是一天的工作结束后我总能倒头就睡——当然，接到紧急电话还得起来。我总是睡得很熟，一觉醒来感觉神清气爽，胃口大开，送来的早餐盒里不管装的是什么，我都能狼吞虎咽地吃掉。但现在，1938 年 2 月 20 日的晚上，我失眠了。整整一夜躺在床上辗转反侧，内心只有悲痛和担忧。眼前似乎有一位坚强的年轻人，他巍然屹立，抵挡着一股股寒流，这些寒流漫长、阴沉，最终，由于错误的判断和一闪而过的冲动，他屈服了。如果我做外交大臣，处事方式在许多方面和艾登一定会有很大不同，但是此时，对我来说艾登似乎代表了英国民族的所有希望，这个伟大而古老的民族，曾经为人类做出了许多贡献，今后还将继续做出更大的贡献。而如今，他离开了。我注视着阳光慢慢斜射进窗户，仿佛在我眼前出现了"死神"幻象。

第五章

FIVE

德国强夺奥地利

希特勒取得最高指挥权——希特勒的国会演说——希特勒与墨索里尼沆瀣一气——奥地利公民投票——德国入侵奥地利——德国胜利进军维也纳及其背景——维也纳沦陷之后——捷克斯洛伐克危险了——张伯伦先生以及苏联的提议——侧面打击——放弃爱尔兰各港口——英国损失惨重——爱尔兰的中立

在现代，国家战败后，往往还能继续保持国家的结构、国家本身以及他们的机密档案。这次战争结束时，我们完全掌握了敌人的内部情况，从中可以精确评估当时我们自身情报和行动的准确性。我们了解到，希特勒是怎样在 1936 年 7 月下令德国总参谋部起草军事计划，命令他们一旦时机成熟，马上占领奥地利。这次作战计划的代号为"奥托计划"。一年后，1937 年 6 月 24 日，希特勒又做出特别指示，将计划具体化。11 月 5 日，希特勒向武装部队的将领们展示了他对未来的构想：德国需要更多的"生存空间"，而东欧的波兰、白俄罗斯以及乌克兰最能满足这一要求。夺取这些地方势必卷入一场大战，同时要顺势消灭当地的居民。德国不得不考虑对付英法这两个"可恶的敌人"，因为这两个国家"不会容忍德国像巨人般地矗立在欧洲中心"。德国在军火生产方面占据领先地位，纳粹党已激起以其自身为代表的爱国热情，为了更好地利用这些优势，一有可乘之机，德国就必须先下手为强，在两大对手准备好之前行动。

纽赖特、弗里奇，甚至布伦堡，都受到了德国外交部、总参谋部以及军官团的观点的影响，听到这个政策大为吃惊，认为此举风险过高。他们承认，由于德国元首的果敢，他们确实在重整军备等各个方

面领先于协约国。德国陆军日渐成熟，而法国内部腐朽，英国缺少毅力，这些对德国来说都是可以利用的有利因素。他们认为当前一切进展顺利，再等一两年又何妨？现在必须利用时间完善核心作战机构，元首只需时不时做一点安抚性演说，便能让那些无用堕落的民主国家随声附和。但希特勒不这样认为，他的天赋教会了他，胜利不是靠走绝对有把握的路可以取得的，必须要去冒险，要大胆向前。过去的成功让他得意扬扬，第一次是重整军备，第二次是恢复征兵制，第三次是重占莱茵兰，第四次是拉拢说服意大利的墨索里尼。如果不努力，只是等待一切准备就绪，就很可能意味着贻误时机，为时过晚。那些生活安逸的史学家或其他人会很轻松地说，如果希特勒继续扩充实力两三年后再动手，他或许就能够掌握整个世界的命运了。然而，事实并非如此。人生无常，国家的命运亦是如此。因此，希特勒决定一定要迅速行动，趁他全盛之时发动战争。

1938 年 2 月 4 日，希特勒免去了弗里奇的职位，亲自接手了武装部队最高统帅职务。布伦堡由于一段不合适的婚姻，在军官团内影响力下降，也被踢出了局。无论拥有多少才华与权力，也无论惩罚他人多么严厉，只要在这个世界上能够在尽可能大的范围施加他的意志，他就会竭尽全力去做，这个人就是德国元首希特勒。希特勒不仅直接掌控了国家政策，还直接控制了核心军事机构。当时，他的权力堪比奥斯特里茨战役和耶拿战役之后的拿破仑，当然他自己并没有像拿破仑一样亲自上阵指挥，赢得伟大胜利的荣耀；但所有圈内和跟随他的人都知道，德国政治和外交领域的成功都归功于他，归功于他的判断和无畏。

＊　　＊　　＊

希特勒在《我的奋斗》一书中直接表示，他之所以一心想将奥地利共和国纳入德国，除了希望让所有条顿族归入德国外，还有其他两个原因：奥地利既可以为德国打开捷克斯洛伐克的门户，也帮助拓宽了德国通往欧洲东南部的道路。1934 年 7 月，奥地利总理陶尔斐斯被当地纳粹党暗杀，自那以后，金钱、诡计、武力就一直被不断地用来企图颠覆奥地利政府。奥地利境内的纳粹运动日益壮大，希特勒无论是在国内还是在对付协约国方面都收获颇丰，这都是他步步为营的结果。巴本接到指示要与奥地利政府保持最友好的关系，以确保政府承认奥地利纳粹党为合法团体。当时，墨索里尼的态度对希特勒尚有约束力。奥地利陶尔斐斯总理被谋杀后，这位意大利独裁者亲自飞往威尼斯，接见并安抚了到此避难的陶尔斐斯的遗孀，并派出大批意大利军队集结在奥地利南部边境。但是到了 1938 年初，欧洲各国的势力划分以及价值观已经发生了决定性改变。齐格菲防线钢筋混凝土筑建的关隘越发坚固，法国若想冲破防线，看来需要牺牲大批国人的性命。西方民主国家向墨索里尼关闭了大门，但制裁不仅没有削弱其势力，反而惹怒了他，把墨索里尼赶入了德国阵营，或许墨索里尼应该回味一下意大利新兴资产阶级思想家马基亚维利的名言："人类总是小肚鸡肠，只计较小的伤害，不知道去雪耻大仇。"就西方民主国家而言，最令人不能容忍的是，只要他们自身没有受到直接攻击，就会不止一次地向恶势力低头。巴本游刃有余地在奥地利政治领域里上下活动。许多奥地利政要在他的高压和诡计下，已经屈服。由于时局不定，维也纳的重要产业——旅游业也受到阻碍和影响。背后的恐怖主义活动以及爆炸暴力事件使得奥地利共和国岌岌可危。

由于确保了奥地利纳粹党的合法地位，纳粹党领导人也顺利进入维也纳内阁，德国认为控制奥地利政策的时机到了。1938 年 2 月 12 日，希特勒执掌最高统帅权后的第八天，他召集奥地利总理赫尔·冯·许施尼格前往贝希特斯加登。许施尼格在外交部部长吉多·施密特的陪同下一同前往。这里有许施尼格和希特勒的一段谈话记录，谈话中希特勒提到了奥地利的边境防御问题，认为只能采取必要的军事行动来解决，因而提出了有关战争与和平的重大问题。

希特勒：我只要下一道命令，一夜之间，你们边界上所有那些滑稽可笑、虚张声势的防御工事都将完蛋。你真以为能抵挡得住我半个

小时吗？谁知道呢，也许我会像春天的暴风雨那样，一夜间就降临在维也纳，到时候你就知道我们的厉害了。不过我非常希望奥地利能免受这番苦难，因为许多人将因此丧命。紧接着就是勇猛的"褐衫军"和"保安团"将随之而来！谁也不能阻挡他们复仇，就连我也不能。你想要把奥地利变成第二个西班牙吗？如果可能，我希望这一切都能避免。

许施尼格：我会取得必要情报并停止在德国边界建筑防御工事。当然，我知道你可以长驱直入奥地利，但是总理先生，不管我们是否愿意，你这样做势必会引发流血牺牲。在这个世界上我们并不是孤立无援的。你的这种行动或许会引发战争。

希特勒：现在我们坐在舒适的沙发上说得轻巧，但这背后却满是流血苦难，许施尼格先生，你愿意为此承担责任吗？不要以为这世上有任何人能够阻止我的决定！意大利？我和墨索里尼说得很清楚，我和意大利保持最亲密的关系。英国吗？英国不会为奥地利动一个手指头。法国？是的，两年前我们一小部分军队举兵进入了莱茵兰，确实冒了很大风险，如果当时法国立即进军，我们肯定会被迫撤退。但现在，已经太迟了！

双方第一次谈话是在上午十一点进行。正式午宴后，奥地利人被叫进一间小屋子，在那里他们见到了里宾特洛甫和巴本，他们拿出一个书面形式的最后通牒，里面所有的条款都不容商量，其中包括任命奥地利纳粹党人赛斯·英夸特为奥地利内阁保安部长，赦免所有在押奥地利纳粹党人，以及正式将奥地利纳粹党纳入政府支持的"保卫祖国协会"。

稍后，希特勒接见了奥地利总理许施尼格。他说："我再和你说一遍，这是最后的机会了，我希望在三天之内能实行这个协定。"在约德尔将军的日记中，有以下记载：冯·许施尼格与吉多·施密特再一次受到了最严酷的政治和军事的压力。晚上十一点，许施尼格在这份《协定草案》上签了字。巴本陪同许施尼格一同乘雪橇穿过大雪覆盖的马路返回奥地利萨尔茨堡。路上巴本解释道："是的，这就是德国元首，现在您已经亲自领教过了，不过下次再来，您一定会轻松很多。元首确实非常招人喜爱。"

2月20日，希特勒在德国国会发表讲话：

> 我很高兴告诉诸位，在过去的几天里，我们和一个由于很多原因与我们关系尤为亲密的国家达成了进一步的谅解。德国与奥地利如今已联合在一起了，这不仅是因为他们与我们同宗同源，还因为他们和我们共同享有悠久的历史和同样的文化。鉴于实施1936年7月11日协议的困难重重，形势迫使我们不得不竭尽全力，清除在实现最后和解道路上的各种误解和阻碍。如若不然，很明显有一天，无论有意或无意，局势都将可能演变到令人难以容忍的地步，从而导致一场极为严重的大灾难。我邀请并会见了奥地利总理，我很高兴能够在此向你们保证，我们这些想法同奥地利总理的看法完全一致。我们的想法和意图是要缓解两国之间的紧张关系，根据现有法律，使坚持国家社会主义的公民享有与奥地利公民相同的法律权利。为此应当准予大赦，并且在7月11日协议的框架下尽可能在政治、人事、经济等不同领域增进友好合作，互相促进，以实际行动共促和平。在这一点上，我想在德国民众面前，向奥地利总理表达我诚挚的感谢，感谢他的宽宏大量，感谢他热心主动接受我的邀请并与我合作，这样我们才能寻找到一条满足两国最大利益的方法。因为归根结底，这是整个日耳曼民族的利益，无论我们出生在何处，我们都是日耳曼的子孙。

很难找到比这更完美的欺诈和伪善的样板了，英国人和美国人看了一定获益匪浅。我之所以在此加以引述，是因为希特勒在欺诈和伪善方面确有其独特之处。令人震惊的是，自由国家里竟然没有一个有志之士对希特勒这番话表示鄙视。

＊　　　＊　　　＊

　　现在让我们再回到前一章谈到的有关英国的严峻局势。就外交大臣艾登先生和他的次官克兰伯恩勋爵的辞职，第二天，即 2 月 21 日，英国下议院就该问题进行了一场大辩论。克兰伯恩是一个颇有思想的人，对艾登既忠诚又信任，跟他共进退。艾登当然不能公开提及罗斯福总统的建议和这个建议所受的挫折，而在意大利问题上的分歧只是次要的。艾登说：

　　　　我之前说过我与同僚之间出现分歧的直接原因。如果我把这个问题看作是一个孤立的问题，那我就是不坦承，因为它不是一件孤立的事件。前几周，我和同僚在一项重大政策上产生了根本分歧，但这项政策与意大利并无关系。

他总结道：

　　　　任由其他国家以为我们不断地在向压力低头，并不能帮助我们缓和欧洲局势。我坚信，进步首先取决于民族气质，民族气质必须以坚定的精神表现出来。我对这种精神充满信心，并坚信我们具备这种精神，如果不让这种精神表现出来，这对我们的国家和世界都不公平。

　　艾德礼先生犀利地指出，意大利将艾登先生的辞职看作是"意大利领袖墨索里尼的又一次伟大胜利"。"整个世界已经传遍了，你看我们的领导人多么伟大，英国外交部部长已经下台了。"直到第二天我才发言，表示了对辞职的两位大臣的敬意，也同意艾德礼对这两位大臣辞职做出的指责，我说：

对欧洲两位独裁者而言，上周可谓是一帆风顺，最为美满。德国独裁者已经将魔爪成功伸向一个历史悠久的小国；意大利独裁者对艾登先生的大仇已报。墨索里尼与艾登之间的矛盾由来已久，无论如何，墨索里尼毫无疑问已经赢了。当初议会和国家共同将重任托付给这位外交大臣，但大英帝国所有的威严、权力、统治都没能保证艾登肩上的任务获得成功，如今他辞职了。这件事就这样结束了，这位英国人身负民族和议会交给他的重任，最终他却放下了手中的权力；意大利独裁者为了国家利益一心求胜，最终大获全胜。对此，普天之下莫不是亲者痛仇者快。

　　前任外交大臣的辞职很可能成为历史的重要转折。俗话说得好，大的冲突通常由小事情引起，但起因背后常有大原因。前任外交大臣一直坚守着我们久置脑后的传统外交政策，而首相与他的同僚却采取了新政策。旧政策的目的是要努力在欧洲建立法治，通过国际联盟建立抵抗入侵的力量。新政策呢？难道为了维护和平就要在情感、尊严、物质上做出巨大让步，向极权国家妥协？

　　前些天，哈利法克斯勋爵说欧洲很混乱。欧洲出现混乱的地方正是由议会政府统治的国家。据我了解，两位独裁者那边却相安无事。两个独裁者知道自己想要什么，没人能够否认，到目前为止，他们每一步都成功获取了自己所需要的东西。1932—1935 年，世界安全受到了无法弥补的重创。当时我们预计，第二次采取行动的机会很有可能是在 1936 年初，德国重占莱茵兰的时候。现在我们知道，当初德国重占莱茵兰时，如果英、法在国际联盟的支持下坚定立场，定能兵不血刃，迫使德国立即撤离莱茵兰，那么德国陆军要想挽回局势就会更加谨慎，他们的政治领袖也就无法获得巨大的声望，进而得寸进尺了。现在，我们正处于第三作战阶段，已经没有当初那样有利的机会了。奥地利现在已遭受侵略，

我们不确定捷克斯洛伐克是否会遭到同样的入侵。

＊　　＊　　＊

欧洲大陆的局势持续演变。墨索里尼传口信给许施尼格，认为奥地利在贝希特斯加登的态度表现得既正确又得体。他向许施尼格保证，意大利在奥地利问题上的态度绝不会动摇。同时墨索里尼向许施尼格进一步强调了两人之间的友情。2月24日，奥地利总理向议会发表讲话，乐意与德国和解，但他明确指出，奥地利绝不会接受任何协议以外的内容。3月3日，奥地利总理通过奥地利驻罗马武官，向墨索里尼传递密函，通知意大利领袖他打算在奥地利举行公民投票，以巩固奥地利政府的政治地位。二十四小时后，奥地利驻罗马武官给许施尼格回电，报告与墨索里尼见面的情况。这次见面，意大利领袖对形势很乐观，他表示局势将会好转，罗马与伦敦之间的紧张关系将有所缓和，这肯定会减轻当前的压力。关于公民投票，墨索里尼警告许施尼格说：“这是一个错误的决定。如果投票结果令奥地利政府满意，肯定会有人说造假；如果投票结果对奥地利政府不利，奥政府又会陷入十分难堪的局面；如果投票没有一个决定性结果，投票也就毫无意义。”然而，许施尼格主意已定。3月9日，他正式宣布奥地利将在3月13日星期日举行全国公投。

起初一切都风平浪静。赛斯·英夸特对此似乎并未提出异议，全然接受了这个建议。然而，3月11日一大早，五点三十分，许施尼格就被维也纳警察总署的电话吵醒了。电话中说：“一小时前，德国已经封锁了萨尔茨堡边境。德国税务人员已经撤离，铁路交通已被切断。”奥地利总理收到的第二个消息来自奥地利驻慕尼黑总领事：德国驻慕尼黑军团已经全体总动员，预计目标——奥地利！

当天上午晚些时候，赛斯·英夸特仓促赶来说，戈林刚打来电话告诉他，一小时之内必须取消全民公投，如果戈林在规定的时间内没有得到答复，就表明赛斯·英夸特已经不能自由通话，因此戈林将根

据情况采取行动。许施尼格从相关负责官员那里得知，军警已无法应付这种局面，于是只得通知赛斯·英夸特，公民投票将延期举行。一刻钟后，赛斯·英夸特回来了，拿着电文，上面字迹潦草地记着戈林的回复内容：

> 现在只有许施尼格总理立即辞职，并在两小时内提名由赛斯·英夸特接任，才能挽回局势。若两小时内没有行动，德国将直接进攻奥地利。

许施尼格当即谒见米克洛什总统，递交辞呈。在总统府内，他收到来自意大利政府的电文，电文说他们也爱莫能助。但老总统态度坚决，他说："这样的话，在这紧要关头，就剩下我一个人了。"他决不同意提名一个纳粹党人当总理，但这样的坚定态度只能迫使德国采取卑劣的暴力行动，德国早就准备好了。

3月10日，约德尔在他的日记中记录了德国当时的反应：

> 冯·许施尼格没有征求大臣意见，突然下令在3月13日星期日举行公民投票。目的是在没有任何计划和准备的情况下为执政党争取大多数投票，元首绝不能容忍这种事情发生。3月9日—10日的这两天晚上，元首召见戈林和冯·舒伯特将军，冯·赖歇瑙将军以及格莱斯·霍斯顿部长也奉命赶回，当时赖歇瑙将军在开罗奥委会，格莱斯·霍斯顿部长正在普法尔茨与当地的长官在一起。一点四十五分，（德国）凯特尔将军将消息通报给相关人员；十点他驱车前往总理府；十点十五分我（约德尔）也跟着前往，把原有的"奥托计划"草案交给他。十三点，凯特尔将军通知作战参谋总长以及卡纳里斯海军上将。里宾特洛甫因事暂留伦敦，纽赖特暂时接管德国外交部。元首打算向奥地利内阁发出最后通牒，于是向墨索里尼发出私函，说明自己不得不采取行动的理由。

第二天，3月11日，希特勒向武装部队下达命令：占领奥地利，酝酿已久、准备周密的"奥托计划"就此展开。3月11日一整天局面都非常紧张，米克洛什总统在维也纳对赛斯·英夸特以及纳粹领导人的态度很强硬。德国黑森州的菲利普亲王作为希特勒的特使，被派去会见意大利领袖，他与希特勒之间的通话记录曾在纽伦堡审判时作为证据。这段对话的内容很有趣：

菲利普亲王：我刚从威尼斯宫回来。意大利领袖对待整个事情的态度都非常友好，并向你表示问候。他已从奥地利方面收到了冯·许施尼格传去的消息。当时他表示，要意大利出兵干涉奥地利完全是不可能的事，这种虚张声势吓唬人的事是做不得的。所以他告诉许施尼格，事情既然已经到了这种不幸的地步，想要改变已不可能了。墨索里尼接着说，奥地利对他而言也是无关紧要的。

希特勒：那就请你转告墨索里尼，此事我会永远铭记在心。

菲利普亲王：是。

希特勒：告诉他，无论发生任何事，我都永远永远永远不会忘记。我仍然准备要和他达成一项非同寻常的协议。

菲利普亲王：是，我会告诉他的。

希特勒：告诉他，只要奥地利问题一解决，我将与他同甘苦、共患难；不论发生任何情况也不能影响我们的友谊。

菲利普亲王：是，元首。

希特勒：听着，我愿意签订任何形式的协议，万一我们卷入战争，我不再害怕在军事上陷入可怕的不利局面。你要告诉他，我的确非常感谢他，永远永远都不会忘记这一点。

菲利普亲王：是，元首。

希特勒：无论发生什么，我都不会忘记。如果有一天他需要帮助或陷入危险，相信我一定支持他，不管发生什么情

况，哪怕全世界都与他为敌，我也将坚决同他站在一起。

菲利普亲王：是，元首。

确实，1943 年希特勒将墨索里尼从意大利临时政府手中解救了出来，他的确履行了他的诺言。

*　　*　　*

胜利进军维也纳一直是这位奥地利下士的梦想。3 月 12 日，星期六晚上，纳粹党在奥地利首都已经准备好火炬队伍，欢迎胜利征服奥地利的英雄，结果最后并没有等到胜利的队伍，只等到三名糊里糊涂的巴伐利亚军需官，乘火车前来为进攻的德国军队安排宿营，人们把这三个人抬了起来沿着街道欢呼庆祝。后来，误时的原因才慢慢披露了出来。德国的战车吃力地驶过了边境，结果队伍到林兹附近就走不动了。虽然当时天气和其他各方面条件都非常好，但路上大部分坦克还是出现了故障，重型火炮也出了毛病。从林兹到维也纳，一路上堵满了重型军用车辆，停滞不前。这暴露出德国陆军在重建阶段中尚不成熟的一面，冯·赖歇瑙将军作为希特勒的亲信，被认为对此事负有责任。

希特勒乘车经过林兹，看到车辆堵塞情况火冒三丈。轻型坦克从拥挤混乱中设法开了出来，直到第二天一早，才陆续开进了维也纳。装甲车以及重型火炮被装上火车运往维也纳，这样才没有延误庆典。当时希特勒在或兴高采烈或惊慌失措的人群中乘车进入维也纳的照片传播甚广，不过在这个神秘的光荣时刻背后却有一个令人不安的背景。事实上，军事器械出现的明显问题把德国元首气得火冒三丈。希特勒训斥他的将领们，但后者也出言反驳，弗里奇曾警告过德国还不适合冒险卷入一场大的战争中，但希特勒拒绝听取弗里奇的建议。好在后来正式庆祝活动和游行照常举行。星期日，在大批德国军队以及奥地利纳粹党人占领维也纳后，希特勒宣布奥地利共和国解体，其领土并

入德国。

＊　　　＊　　　＊

赫尔·冯·里宾特洛甫先生这时正要离开伦敦回德国继任外交部部长一职，张伯伦在唐宁街 10 号首相府特地设午宴为里宾特洛甫饯行，我和妻子也受邀出席。当时大约有十六人出席。我的妻子坐在长桌的一头，旁边是亚历山大·卡多根爵士。午宴进行到大概一半时，卡多根爵士收到外交部信差送来的一封信。他拆开信封，认真地读着里面的内容，接着站起身来绕过餐桌走到首相就座的地方，把信交给他。虽然卡多根的举动没有表现出任何异常，但我还是不由地注意到首相心神不定的样子。不一会儿，卡多根拿着信回到了自己的座位。后来，我得知了信的内容。信中说，希特勒已经入侵奥地利，德国的机械化部队正快速向维也纳进军。午宴照常进行，没有一丝妨碍，但很快张伯伦夫人从丈夫那儿得到示意，起身说："诸位，让我们一起到客厅用杯咖啡吧。"我们陆续走进了客厅，很明显首相及其夫人想要赶紧结束这场午宴。大家普遍感到了不安，站起来准备向贵宾们道别。

不过，德国大使里宾特洛甫和他的夫人似乎并没有察觉到这种气氛，相反，还和主人夫妇喋喋不休大谈了近半个小时。其间我以告别的口吻对里宾特洛甫夫人说："愿英、德两国友谊永存。""请当心不要损害两国之间的友好关系。"她姿态优雅地回答道。我相信里宾特洛甫夫妇一定清楚发生了什么事，但他们认为拖住首相不让他办公和接听电话不失为一个好办法。最后，首相终于对这位德国大使说："很抱歉，我现在有要事处理，必须得离开。"说完就走出了房间。但里宾特洛甫夫妇还是在那里拖着不走，于是我们大部分人都借口先行回家。我想，最后他们终究还是走了。这是在里宾特洛甫被绞死前我同他最后一次见面。

*　　　*　　　*

　　奥地利遭受暴行，美丽的维也纳连同自己的盛名、文化以及对欧洲历史做出的贡献都受到了侵略，此事让我深受打击。在这一系列事件之后，紧接着 3 月 14 日，我在下议院发表了讲话：

　　　　3 月 12 日事件的严重性并非言过其实。一场精心设计的侵略计划正在一步步展开。我们和其他国家都只有一个选择：要么像奥地利一样屈服，要么趁还有时间采取有效措施消除危险，如果无法消除那就迎难而上。如果我们继续坐视事态发展，多少维持国家和平安全的资源将白白损失？多少友好国家将疏远我们？多少有可能发展成为同盟国的国家将一个个跌入恐怖的深渊中？敌人一直在暗地里积聚力量，在他们把吹嘘变成现实之前，他们虚张声势的唬人把戏到底还要得逞多少次？两年后，如果德国陆军实力真的遥遥领先法国陆军，如果所有弱小国家都脱离了日内瓦转去投靠日益强大的纳粹制度，为了自身存亡尽可能地和纳粹达成有利的条约，到那时我们又将何去何从？

我继续说道：

　　　　维也纳既是昔日奥匈帝国的中心，也是东南欧各国的交通枢纽。现在，欧洲第二大河流多瑙河的很大一片流域都已掌握在德国的手中。纳粹德国在征服维也纳后，通过控制公路、水路以及铁路，就能在军事上和经济上掌控整个欧洲东南部的命脉。这对欧洲的格局将造成什么样的影响？对所谓的国际均势会造成什么样的影响？对"小协约国"又将造成什么样的影响？我必须说说"小协约国"这个联盟。如果把

"小协约国"里的三个国家分开来看，或许它们只能算得上三个二等的国家，但它们实力非常强大并充满活力，联合起来就能成为一个大国。这三个国家从过去到现在，自始至终十分团结，它们签订的最密切的军事协定使它们共同建立起了一个强国的军事力量。罗马尼亚拥有石油，南斯拉夫拥有矿藏和原材料，两国都拥有庞大的军队，主要军火由捷克斯洛伐克供应。英国人听到捷克斯洛伐克这个名字可能觉得陌生，确实，它只不过是一个小小的民主国家，但却拥有比我们大两三倍的陆军，军火产量也足足是意大利的三倍。这个民族依然生气勃勃，不仅有自己的权力，也有条约赋予的权力，并建立了一条自己的防线。它们表现出强烈的求生欲望，希望自由地活着。

捷克斯洛伐克此时无论在经济上还是军事上都是孤立无援的。根据和平条约，汉堡是它对外贸易的通道，但现在随时可能被封锁。通往南欧以及经南欧到西南欧的铁路和水路交通随时可能被切断。它的贸易可能要被迫缴纳高额的过境税。可以说，这个过境税完全可以置其对外贸易于死地。这个国家曾经是旧时奥匈帝国最大的生产制造基地，而现在，除非举行谈判，对捷克斯洛伐克交通安全达成协议，否则它同外界的交通就要被切断，或者马上要被切断，包括捷克斯洛伐克在南斯拉夫的原材料供应以及建立在当地的自然市场的联系。上星期五晚上的暴行或许会使这个小国的经济大受打击，显而易见，一个楔子已深深地钉入了这个小协约国的心脏，然而这些国家和我们一样，同样享有在欧洲不受侵扰的权力。

*　　*　　*

敲响警钟的正是苏联人。3月18日，为防止德国对和平构成重大威胁，苏联提议召开相关会议，希望在国际联盟的体制内，商讨出实施法苏协定的方法，哪怕是商量一个纲要也好。然而，伦敦和巴黎对这个建议反应冷淡。法国政府当时正为其他事情伤神：他们的飞机制造厂发生了严重的罢工，佛朗哥的军队正在深入到反对党统治下的西班牙地区。听完我的演讲，张伯伦既表示怀疑，又感到沮丧，他非常反对我对危机的分析和我提出的解决方案。一直以来我都极力主张建立法英苏三国联盟，因为这是打击纳粹进犯的唯一希望。

法伊林先生告诉我们，首相在 3 月 20 日写给他姐姐的一封信中，流露出这样的心情：

> 温斯顿①所说的"大同盟"计划，其实在他提出之前我早就已经考虑了。我和哈利法克斯商讨过这件事，后来又提交给三军参谋长以及外交部的专家对此进行了研究。这个想法确实很有吸引力，在没研究其可行性之前，我们有一万个理由赞成，但只要一具体考虑它的可行性时，这种吸引力就荡然无存了。看一看地图就能明白，德国如果要侵略捷克斯洛伐克，无论是法国还是我们，对此都无能为力。所以，我放弃了向捷克斯洛伐克做出任何承诺的想法，也不愿卷入法国对捷克斯洛伐克所承担的义务当中去。

不管怎样，总算是有一个决定了，虽然做出决定的依据并不正确。在现代大国或联盟间的战争中，某些区域的防御不能单靠某一地区的努力，还要靠整个战争前线的各方势力平衡，尤其是在战争刚开始，或者是战火还能够避免的时候。三军参谋长和外交部的专家们不用多想就能直接报告首相，英国海军和法国陆军不可能部署在波西米亚山头阵地上，插足于捷克斯洛伐克与希特勒入侵军队之间，打开地图就能得出这个结论。不过可以肯定的是，德国穿过波西米亚边境肯定会

---

① 即丘吉尔。——译者注

引起一场欧洲的全面大战。然而即便在那时，我们也有能力阻止或拖延希特勒挑起的下一次行动。一年后，当我们期待张伯伦能够向波兰做出担保时，我们不禁感到张伯伦的这番言论推理虽然谨慎，但却是大错特错了。在捷克斯洛伐克被占领后，希特勒的实力与威望几乎又增加了一倍。

* 　　* 　　*

1938 年 3 月 24 日，首相在下议院发表了他对苏联的看法：

> 英王陛下政府认为，苏联政府的提议将不可避免地、间接地导致某些国家联合起来，而这种联盟会导致排他性国家集团的产生，因而不利于欧洲未来的和平发展。

然而，首相无法躲避所要面对的残酷事实，一是当时存在着各国之间的信任严重受挫的问题；二是英国政府迟早都要解释清楚英国在欧洲所承担的义务。那么，我们在中欧的义务是什么呢？"战争一旦爆发，遭殃的可不只是那些承担了法律义务的国家。战争打到哪里才会结束，哪些国家将会卷入其中，这些都是我们无法预测的。"此外，还必须注意，如果侵略者把我们这些国家都逐一击败了，关于"排他性国家集团"的利弊争论也就失去了意义。另外，首相的想法忽视了国际关系中的是非问题，毕竟现在我们还有国际联盟及其宪章。

首相采取的路线很清楚：外交上同时向柏林和布拉格政府施加压力，对意大利采取绥靖政策，对法国则严格遵守我们的义务。为了前两项政策的实施，最后一项政策就必须慎重仔细的对待。

* 　　* 　　*

现在请读者将注意力移至西边的绿宝石岛爱尔兰。英国有一首军歌是这样唱的："虽然前去达蒂珀雷里的路途遥远，但我们有时仍情不自禁地要去看看。"从希特勒占领奥地利到他对捷克斯洛伐克侵略阴谋暴露的期间，我们在爱尔兰方面也遭受了另一番打击。

自 1938 年初，英国政府一直与南爱尔兰的德·瓦勒拉进行谈判，4 月 25 日，双方签订协议。除其他问题外，英国还放弃了南爱尔兰的昆士敦以及贝雷黑文，并放弃了拉夫·斯威利的军事基地。这两个南部港口在我们的海军防卫和粮食供应计划中，占有重要的地位。1922 年我担任殖民地自治领事务大臣时，处理过当初内阁制定的《爱尔兰条约》的细节问题，我带海军上将贝蒂前去殖民局会见南爱尔兰临时政府的迈克尔·柯林斯，向他解释这两个港口对整个英国物资供应系统的重要性。柯林斯当即表示没有异议。他说："当然，你们确实需要这两个港口，这关系到你们的生死存亡。"问题就这样解决了。以后的十六年里一切都一帆风顺。昆士敦和贝雷黑文为什么对我们的安全很重要，一切都显而易见。这两个港口是我们的供油基地，我们的驱逐舰舰队就是从这里出发，一路向西驶入大西洋追击德国潜艇，并保护途经狭窄海域驶入英国的护航队。同样，我们也需要利用拉夫·斯威利保护通向克莱德湾和默尔西河口的通道。放弃这几个地方意味着我们的小型舰队只能从北部的拉姆拉什和南部的彭布罗克码头或法尔默斯出发，这样我们的海军的活动范围将至少缩小四百海里。

然而三军参谋长竟然同意放弃这么重要的一个安全保障，这简直令人难以置信。直到最后一刻我还以为，至少我们在战时能够使用这些港口，然而，德·瓦勒拉在爱尔兰下议院宣布英国政府放弃了这些港口的使用权，而且不带任何附加条件。后来我得知，英国政府如此爽快地答应，使德·瓦勒拉也大吃一惊。德·瓦勒拉提出这样的要求原本只是为了讨价还价，如果其他条件令他满意，他原本是可以放弃这项要求的。

查特菲尔德勋爵在他上一本书中用了一整章内容来解释他和其他几位参谋长采取的路线。凡是愿意研究这个问题的人，都应该好好读读这一章。我个人仍然认为，如此草率地放弃我们在战时的港口使用

权，对英国国民生活与安全都造成了巨大的伤害。在这样的关头，没有比这更不动脑子的无能行为了。虽然不依靠这些港口我们渡过了难关，而且如果真的非要这些港口不可，我们也会把它们再抢回来，不会等着饿死，但这些都不能作为辩解的理由。很快我们损失了大批船只，牺牲了许多生命，可以说都是这种目光短浅的绥靖政策带来的后果。

除了几个代表北爱尔兰的议员外，整个保守党都支持首相，工党和自由党自然也非常乐意看到首相采取这样的策略。于是，5月5日只有我一个人提出抗议。虽然大家耐心听取了我的发言，但许多人都持怀疑态度，甚至有人表示同情，人们不禁猜想为什么像我这般地位的人竟然会提出这样毫无希望的抗议。我从未看到下议院有比这更为严重的错误。这时距宣战只剩十五个月了。等到我们的生存取决于大西洋战役的胜负时，这些议员们的感受就会大为不同了。我的演说词在《进入战斗》一书中已全部引录，这里就不再赘述了。不过有一点我还想再详细解释一下，那就是有关战时南爱尔兰保持中立的问题。

（我问）如果我们与某个强国开战，你们能保证南爱尔兰（或者他们自称的爱尔兰共和国）不会宣布中立吗？如果南爱尔兰愿意保持中立，我们的敌人肯定会首先向他们提出各种诱惑条件。我们不排除南爱尔兰宣布中立的可能性。这样的中立，也许我们不久就会体验到：当我们有迫切需要时，却遭到拒绝，无法使用这些港口；当我们需要保护英国公民免受贫困和饥饿时，我们将会遇到重重阻力。除了我们，哪个国家会不思前想后，愿意自己主动伸着头往绞索里钻呢？我们一旦撤出这些港口，都柏林政府完全可以轻而易举地拒绝我们使用这些港口。他们有的是大炮，还可以在港口布雷，更重要的是，他们也有权不让我们使用港口。对这些港口，我们本来有使用权，现在却放弃不要了，还妄想通过我们的退让，取得他们的友好与亲善。如果没有得到他们的好心回

报，我们会说："我们将重新夺回这些港口。"这有用吗？而且我们也无权这样做。在大战中，如果被指控破坏了爱尔兰中立，我们就会为世界舆论所不齿，我们参战的目的也会被玷污。而现在你们为了一些空虚的假象，图一时的安逸，就白白放弃了手中这实实在在、攸关存亡的重要机会。

《泰晤士报》说得很清楚：

> 1921 年英国和爱尔兰缔结《爱尔兰条约》，条约规定：英国政府必须要在战时肩负起繁重而又微妙的任务，保卫科克、贝雷黑文以及拉夫·斯威利这三个港口。

如果把直布罗陀交给西班牙，把马耳他交给意大利，英国的担子岂不更轻了。这两个地方还不像南爱尔兰的那些港口一样，直接关系着我们的生死存亡问题。

关于这段可悲可叹的插曲，我就说到这里了。

第六章

SIX

围绕捷克斯洛伐克的博弈

希特勒的下一步计划——"对捷克斯洛伐克并无恶意"——访问巴黎——英意签订协定——同苏台德领袖的对话——魏德曼上尉肩负使命赶赴伦敦——苏联大使到恰特韦尔庄园来访问——希特勒在纽伦堡发表危机演说

英法两国在慕尼黑事件中的做法是否明智,这个问题似乎会在历史上引发长期争论。但如今,德国方面(尤其是纽伦堡审判)披露的资料表明,未必是这样。实际上,争论的问题主要有两个:第一,英法两国如采取果断行动,是否能逼迫希特勒做出让步,或引发军事政变而使他下台;第二,从 1938 年 9 月的慕尼黑事件到二战爆发之际,西方各国的处境相比德国,是有所改善还是更加恶劣?

慕尼黑危机的化解是以牺牲捷克斯洛伐克为代价的。目前介绍这段历史的书籍已不在少数,今后还会有大量相关的著作出现。因此在这里,我只想提出其中几个主要事件,将它们之间的关系做出解释和梳理。希特勒一心要拉拢所有日耳曼人,并计划向东扩张以建立一个更庞大的德意志帝国。同时,他深信英法两国领导人不会参战,因为他们一心向往和平,不愿再组织军队打仗。而就捷克斯洛伐克而言,希特勒采用惯用伎俩,夸大并利用日耳曼人在苏台德地区的不满情绪。1938 年 2 月 20 日,希特勒在国会的演说中首次公开攻击捷克斯洛伐克。他说道:"奥地利和捷克斯洛伐克毗邻德国,生活在这两个国家的日耳曼人达一千多万,德国的使命就是保护这些日耳曼同胞,并为他们争取人身、政治和思想方面的全方位自由。"

对于以上两个国家中的日耳曼人,德国政府表示非常关心他们的处境，而这种公开声明关系到他们在欧洲秘密展开的政治攻势。对此，纳粹德国政府宣称他们有两个目的：一是把所有在国外的日耳曼少数民族并入德国版图之内；二是向东扩张德国领土以获得更多生存空间。但德国政府很少宣扬他们的军事目的，即摧毁捷克斯洛伐克。这样一来，苏联就无法在战时使用该国的空军基地，英法军队也将失去军事上的辅助力量。早在 1937 年 6 月，德国总参谋部就在希特勒的指示下，紧锣密鼓地为入侵和摧毁捷克斯洛伐克拟定草案。

其中一份草案的内容如下：

> 此次我军突袭捷克斯洛伐克，目的是消除西线作战部队在战争初期和中期面临的后方威胁，并使苏联空军无法使用捷克斯洛伐克国内的大部分空军基地。

由于西方各民主国家都承认了德国对奥地利的征服，于是希特勒变本加厉地加紧推行对捷克斯洛伐克的计划。事实上，在军事上控制奥地利领土，是在为后期进攻波西米亚堡垒作必要准备。就在德军积极入侵奥地利时，希特勒坐在汽车里对哈尔德将军说："这次行动给捷克人带来了不便。"哈尔德立刻明白了希特勒这句话的意思，也由此看清了未来的形势，因为这句话既透露了希特勒的企图，又反映了希特勒对军事情况的不了解（德军只能从奥地利的南面才能进攻捷克斯洛伐克）。对此，哈尔德解释道："其实，德军不可能从南面进攻捷克斯洛伐克，因为途经林茨的单轨铁路没有任何掩护，要想发起突袭那是痴人说梦。"尽管如此，希特勒在政治上的主要战略思想依然是正确的。另外，德国正在不断巩固"西墙"的防御工事。尽管距离竣工的日子还早，但足以让法国陆军记起当年在索姆和帕森达勒的残酷经历。因此，希特勒深信英法两国都不会参战。

就在德军挺进奥地利的当天，驻柏林的法国大使向巴黎报告，说戈林已向驻柏林的捷克公使庄严承诺：德国"对捷克斯洛伐克并无恶意"。3 月 14 日，法国总理布鲁姆先生也再次郑重向驻巴黎的捷克公

使声明：法国将无条件履行对捷克斯洛伐克的义务。然而，这些外交说辞并不能掩盖残酷的现实。现在欧洲大陆的整个战略形势早已转变，德国人的注意力和德国军队现在都已直指捷克斯洛伐克的西部边境。在这些边境地区，居民都是些有明显种族主义倾向的日耳曼人，其中包括激进活跃的日耳曼民族党；一旦发生纠纷，这个党派极有可能成为一支"第五纵队"。

3月底，我去巴黎会见法方领导人，共同探讨了一些问题。英国政府对我恢复同法国的接触表示赞同。我住在英国大使馆，先后会见了很多法方要员，其中包括法国总理布鲁姆、弗朗丹、甘末林上将、保罗·雷诺、皮埃尔·科特、赫里欧、路易·马兰等人。有一次，我对布鲁姆说："据说德国的野战榴炮弹，在射程和威力方面都已胜过了法国七十五毫米口径的重炮。"他回答说："法国炮兵的实力难道还要你来告诉我？"我解释道："当然不是，但您倒是该问问你们的巴黎理工大学。最近给他们举行过一次关于新式七十五毫米炮的火力展示，但完全没有使他们信服。"听到这里，他的态度瞬间温和友善了不少。雷诺对我说："我们很了解，英国是不会实行征兵制的。那你们为什么不打造一支机械化部队呢？如果你们有六个装甲师，那你们肯定会成为欧洲大陆上一支实力强悍的陆军。"原话大概是这个意思。当时，有位戴高乐上校好像写过一本书介绍新式装甲车的威力，雷诺正是从这本书中得到启发，使他有了这个想法并给我们提出了这个建议，尽管该书招来了很多批评。

我和英国大使同弗朗丹共用了午餐，这顿饭吃了很久。如今的弗朗丹和1936年我认识的那个弗朗丹已完全不一样了。那时，他肩负重担，满怀一腔热血；现在下野后却变得冷静沉稳，而且深信法国已走投无路，只能向德国妥协，任由德国摆布。对此，我们争论了两个小时。甘末林也来看我，他对当时法国陆军的实力很是自信。但我一提到法国的炮兵，他就有些不自在了，因为他非常清楚这方面的真实情况。他在法国的政治制度制范围内，总是努力为国家贡献自己最大的力量。然而，由于当时国内政局一片混乱，布鲁姆政府即将垮台，因此法国政府无暇顾及欧洲的危险局势。在这动荡的形势下，对英法两国来说，更应该消除一切误解，明确彼此的义务，以便共同应对有可能出现的全面危机。4 月 10 日，以达拉第先生为总理、博内先生为外交部部长的法国新政府成立了。这两位领导人将在此后的关键时刻担负起责任，确定法国未来的方针政策。

为了遏制德国的进一步侵略，英国政府根据张伯伦先生的决定，在地中海问题上与意大利取得谅解，这不仅能巩固法国的地位，也使得英法两国可以集中力量应付中欧事务。艾登的下台在一定程度上安抚了墨索里尼，使他自认为有了更多讨价还价的资本，因此，墨索里尼没有拒绝英国的登门致歉。1938 年 4 月 16 日，英意两国缔结和约。和约规定意大利在埃塞俄比亚和西班牙的活动不受任何限制，这其实是英国就意大利对中欧表示的巨大善意所给的回报。但英国外交部对这笔交易却表示质疑。我们从张伯伦先生的传记作者那里得知，张伯伦曾在一封私人信函中写道："你真该看看外交部提交给我的草案，那些冷冰冰的话简直能冻死一头北极熊。"

我同外交部一样，对这种做法也有所怀疑：

丘吉尔先生致艾登先生：

对墨索里尼而言，《英意和约》无疑是一场彻底的胜利。这样一来，墨索里尼便能在地中海抵抗英国，还能征服埃塞俄比亚，并在西班牙横行霸道，但我们竟然还能兴高采烈地全盘接受。和约还规定，我们必须经过事先商议才能在塞浦路斯修筑防御工事，这对我们非常不利。至于条约中的其他内容，我认为不过是些废话而已。

但我又认为有必要慎重考虑一下，是否应该直率地反对这项协定。毕竟事已至此，而且人们都认为这是在迈向和平。可以肯定的是，这个和约无疑能够阻止地中海的火星引燃欧洲的一场大火。而法国为了同英国步调一致，也必然会采取类似行动，以求自保。最后，出于对自身利益的考虑，墨索

里尼或许会阻挠德方介入多瑙河盆地。

在做决定之前，我想先听听你的看法和打算。我个人认为《英意和约》还只是个开端，接下来英国政府会尝试和德国签订更为冠冕堂皇的协定。这些协定虽然安抚了英国大众，但却促使德国不断加强兵力，完善东欧计划。

上周，张伯伦私下里向（保守党协会）全国联合会执行委员会表示，他"仍然寄望于同德国签订类似的协定"，但该组织成员对此态度冷淡。

与此同时，我方空军的进展也越来越令人失望。

1938 年 4 月 18 日

艾登先生致丘吉尔先生：

我同意你信中对意大利协定的看法。墨索里尼曾许下诺言，但言而无信，破坏了自己的承诺。如今墨索里尼不过是重新上演这出戏罢了。只有从利比亚撤军才算得上是新行动，但或许这支军队从一开始派到利比亚就意图不轨。目前的情况显然和我料想的一样——墨索里尼参加罗马会谈后，仍在继续干预西班牙事务。如果这种干预能为佛朗哥在西班牙内战中赢得胜利，那么相信墨索里尼会就此收手的人未免也太天真了。

作为一种外交手段，这个协定所规定的内容恐怕很难实施，因为只有等意大利从西班牙撤军，这个协定才能生效。但几乎可以肯定的是，意大利从西班牙撤军要等好几个月才有可能实现。另外，意大利步兵是否留驻西班牙并不重要，重要的是意大利专家和德国人都坚称他们有权留在那里。这样一来，我们就很难确定意大利到底撤没撤军。不过，也许有些人对此并不是太在意。

其次是意大利在埃塞俄比亚的地位问题。据我了解，那里的形势不仅没有改善，反而日趋恶化。因此，我担心，如

果在这个时候承认意大利的地位，我们在埃塞俄比亚数百万国民中的威信将大打折扣。

另外，你还提到对待意大利协定要谨慎，对此我举双手赞同。谨慎的原因是，毕竟这还不是一项正式的协定。但如果我的某些言论导致这项协定难以达成，那肯定是我的不对。更何况，我在辞职演说和在利明顿的演说中也都承诺过绝不这样做。

面对如此紧张的国际局势，我认为最令人焦虑的情况是：各国或许会因为局势的暂时缓和而有所松懈。鉴于当下严峻的时局，我们目前的这些努力仍不过是杯水车薪，还需继续。

1938 年 4 月 28 日

希特勒警惕地关注着当前国际局势。对他来说，在欧洲危机中与意大利最终结成联盟是一件至关重要的事情。4 月底，希特勒召集三军参谋长开会，商讨如何加快与意大利结盟。墨索里尼希望能够在埃塞俄比亚自由行动，尽管这一冒险行动已获得英国政府的默许，但若想成功也许最终仍需要得到德方的支持。若真是如此，那么墨索里尼就必须容忍德国对捷克斯洛伐克所采取的军事行动。在解决捷克问题上，希特勒必须与意大利结盟，将其拉入德国的阵营。另外，柏林方面必然会对英法两国政要的公开声明进行研究。这两个西方大国都试图劝捷克人民保持理性，以维护欧洲和平，这种做法令德国拍手叫好。如今，在亨莱因的领导下，苏台德地区的纳粹党要求在毗邻德国的捷克边境实行自治。4 月 24 日，亨莱因在卡尔斯巴德的演讲中公布了他们的自治计划。紧接着，英法驻布拉格公使拜访了捷克外交部部长，表示"希望捷克政府全力帮助解决这个问题"。

5 月份，捷克斯洛伐克的日耳曼人奉命加紧制造骚乱。5 月 12 日，亨莱因访问伦敦，目的是向英国政府说明他的同胞所遭受的迫害。他希望能见我，所以第二天我在莫佩思大厦安排了一次会谈。阿奇博尔德·辛克莱爵士也一同出席，林德曼教授担任会谈翻译。

亨莱因提出的解决办法可概括如下：

　　首先，应该在布拉格成立一个主管外交、国防、财政和交通的中央议会。各政党有权在议会上自由发表意见，政府则应按照少数服从多数的原则做出决定。捷克军队可以派兵驻守边境，沿途不会受到任何阻挠。另外，日耳曼人聚集的苏台德地区和其他少数民族地区应该享有自治权。也就是说，他们应该拥有自己的城乡参议会和区议会。在区议会中，他们可以在已划定的边界范围内，就共同关心的地方性事务进行辩论。至于边界划分等实际问题，亨莱因准备将其提交给一个公正的法庭或由国际联盟委任的法庭进行裁决。各政党享有自行组织和竞选的权利；各自治区也应拥有公正高效的法庭。在德语地区，邮政、铁路和警察局等机构的行政职位一律应由讲德语的人担任。另外，应按适当比例从总税收中拨出一部分，用作这些自治区的行政费用。

　　捷克驻伦敦公使马萨利克事后得知了这次谈话的内容后，对以上解决办法表示赞同。事实上，如果德国人能够信守承诺、态度友善，完全有可能既和平解决各种族、少数民族间公认的分歧，又可保住捷克共和国的独立性。但我对这种情况不抱任何幻想。

　　亨莱因在返回捷克途中拜见了希特勒，并于5月17日开始和捷克政府商谈苏台德问题。捷克斯洛伐克的地方性选举即将开始，德国政府针对这些选举精心策划了一场神经战①。随后不断有谣言传出，称德军在向捷克边界推进。5月20日，英国政府要求驻德大使内维尔·亨德森爵士奉命就此事质询柏林方面。尽管德方否认此事，但捷克人民依然感到惶惶不安。于是，5月20日和21日晚，捷克政府下令军队

---

　　① 神经战，希特勒推崇的一种侧重于恐吓的心理战术，并且在实施中充分利用先进的工业技术成果作为载体，例如纪录片、航弹等，营造出了前所未有的恐怖气氛，以达到令敌方一触即溃甚至未触即溃的目的。——译者注

作局部动员，以防不测。

＊　　＊　　＊

此时，弄清楚德国的企图非常重要。长期以来，希特勒都深信英法两国不会为捷克斯洛伐克开战。5 月 28 日，他召集主要顾问开会，下令为进攻捷克斯洛伐克做准备。1939 年 1 月 30 日，希特勒在国会的演说中公布了这个决定：

> 我们面临的挑衅已经到了让人忍无可忍的地步，因此我决定永久性地、彻底地解决苏台德—日耳曼的问题。5 月 28 日，我下达了两项指令：一为 10 月 2 日进攻捷克斯洛伐克做好准备；二为立即加速扩建我方在西线的防御工事。

但希特勒的军事顾问们并非都像希特勒一样信心十足。考虑到协约国在除空军以外的其他方面仍占有巨大优势，各位将领都不相信英法两国会屈服于德国元首的挑战。要想打败捷克军队，同时突破或包抄波西米亚防线，德方需要出动整整三十五个师。德国三军参谋长告诉希特勒，一定要考虑到捷克军队军事素质优良、武器装备先进的特点。另外，虽然德国的“西墙”已经能用作野战工事，但距离彻底完工还有很长一段时间。所以在进攻捷克时，德国只能调动五个正规师和八个后备师来抵抗能调动一百个师的法军，以此保护整个德国西线。得知要冒这样的风险，德国将领们都惊讶不已。因为只需等上几年，德国陆军便能重获欧洲霸权。之前，由于协约国一心求和、毫无斗志，德国顺利完成了招兵买马、重占莱茵兰和攻占奥地利的行动；尽管这些都已证明希特勒的政治判断准确无误，但德国最高统帅部仍不敢相信他的恐吓手段能获得第四次成功。而且这些胜利的大国（英法等协约国）占有明显的军事优势，如果德国再次背信弃义，或者贸然行事，那就太有违常理了。另外，苏联和捷克斯洛伐克同属斯拉夫民族，因

此在这个节骨眼上，苏联对希特勒的态度会对德国造成很大的影响。

无论是从大国外交层面，还是从斯大林和贝奈斯总统的私交层面看，苏捷两国都保持着亲密稳固的友好关系。这源自两国的种族亲缘关系和近期发生的事件。在这里，我们有必要就这些事件做一个简单介绍。1944 年 1 月，贝奈斯总统在马拉喀什和我见面，向我解释了苏捷两国的关系。1935 年，希特勒向贝奈斯提议，如果捷克斯洛伐克能在反德战争中保持中立，德国一定保证在任何情况下都尊重捷克斯洛伐克的领土完整。贝奈斯表示，面对这种情况，他必须遵照协约与法国保持一致行动。对此，德国大使回应称，捷克斯洛伐克用不着宣布协约无效，等战争一打响，只要不出动军队，便等于打破了协议。面对这类提议，这个小小的共和国根本无力反驳，他们对德国的恐惧已经深入骨髓；考虑到德国随时会挑起并煽动苏台德的日耳曼人问题，捷克人更是倍感尴尬，其境况也越来越危险。因此，他们既没有发表反对意见，也没有做出任何承诺，一副搁置不谈的态度。一年多来，没有人再提起这件事。

然而，德国内部的紧张局势，以及贝奈斯和斯大林的关系并不为外界所知，就连英法驻捷克公使也不清楚。德国的齐格菲防线虽然尚未完成，但它看起来的确是个可怕的障碍。至于德国陆军的实际兵力和战斗力，目前还没有准确说法，但显然是有所夸大的。另外，还没有设防的城市也会面临难以估量的危险。最重要的是，各民主国家都打心底里痛恨战争。

不过在 6 月 12 日，达拉第先生重申了法国前总理布鲁姆 3 月 14 日所做的保证，他宣称法国对捷克斯洛伐克有着"神圣且不可回避的"义务。十三年前，人们曾议论道，除非《洛迦诺公约》能够在东欧实施，否则解决该地区所有事务都是一纸空谈，但如今达拉第的这个重要声明使所有的议论都烟消云散了。在历史面前，法国和捷克斯洛伐克在 1924 年签署的这项公约，无论是在法律上还是在事实上，都是完全有效的，法国政府的多位领导人也在 1938 年承认有此义务。

但在这个问题上，希特勒深信他的判断是正确的。于是，他在 6

月 18 日下达了进攻捷克斯洛伐克的命令。其间他一直试图安抚那些焦虑不安的德国将领们。

希特勒致凯特尔：

在决定进攻捷克斯洛伐克之前，我必须确认英法两军会继续旁观，不会进军干预，就像当初我们重占莱茵兰非军事区和进军奥地利时那样。

为了混淆视听，希特勒于 7 月初将副官魏德曼上尉派往伦敦。7 月 18 日，这位公使受到了哈利法克斯勋爵的接见，他假装没有将行程通报给德国大使馆，他表示：元首（希特勒）因为英国对他的提议充耳不闻而感到难过；也许戈林将到访伦敦，同英国政府展开更全面的商讨；基于这些特定情况，德国或许会将进攻捷克的计划推迟一年。几天后，张伯伦和德国大使详细讨论了德国推迟进攻捷克的可能性。在此之前，为了彻底解决布拉格问题，这位英国首相向捷克人民建议，英国将派一位调查员前往捷克斯洛伐克，以便能快速达成和平协议。7 月 20 日，趁英王访问巴黎的机会，哈利法克斯同法国政府商讨了德国的提议。双方政府简短交流后，都同意以调解的方式解决捷克斯洛伐克的问题。

1938 年 7 月 26 日，张伯伦向议会宣布，朗西曼勋爵将奉命前往布拉格，以促使捷克政府和亨莱因先生达成和解。第二天，捷克政府出台了一项有关国内少数民族的草案，以便为和平协议奠定基础。同日，英国的哈利法克斯勋爵在议会上说："我不相信欧洲各国领导人都希望开战。"8 月 3 日，朗西曼勋爵抵达布拉格，随后同各党展开了一系列冗长复杂的谈判。不到两个星期，谈判破裂；此后，局势开始迅速恶化。

8 月 27 日，新上任的德国外交大臣里宾特洛甫在报告中写道，他在柏林接见了意大利大使，这位大使表示"已接到墨索里尼的另一份书面声明，内容是请德国及时通知进攻捷克斯洛伐克的日期"。而墨索

里尼之所以这么做，是为了"能够在适当的时候帮助德国对法国前线采取必要行动"。

8月，紧张的气氛愈演愈烈。8月27日，我向选民们发表讲话：

> 如今我们身在赛登博伊斯的古森林，光是这个名字就能让我们想起诺曼王朝时代——在这里，爱好和平、遵纪守法的英国人民很难理解席卷欧洲的种种愤怒浪潮。在这段令人焦虑的日子里，你们肯定会看到报上各种时好时坏的新闻；哪怕前后仅隔一周，报道的内容也是截然不同。但我必须告诉你们的是，欧洲乃至整个世界的局势正逐步迈向最紧张的时刻，而且这个时刻很快就会到来。
>
> 战争不是不可避免。但是，从德国家庭中征召入伍的庞大军队在没有解散之前，和平就会一直面临威胁。对一个没有受到他国威胁也不惧怕他国的德国而言，将一百五十万名士兵纳入战时编制是非常严重的行为。我认为，而且我也必须直白地告诉你们，德国之所以将大批士兵纳入编制，就是为了在极短的时间内达成某种目的。
>
> 我们完全同意英国政府将朗西曼勋爵派往布拉格，而且我们真诚地祈祷，希望朗西曼勋爵能顺利完成捷德两国的调解任务。捷克斯洛伐克政府似乎正在竭力进行内部整顿；另外，只要是对国家统一不构成威胁的各种要求，政府都准备全盘接受……但如果是更庞大、更激进的野心，就一定会妨碍和解进程；如果是那样的话，整个欧洲乃至全世界都将会面临德国纳粹党的各种无理要求，包括侵占、镇压弱小国家在内的暴力行动。这样一来，就不仅仅是袭击捷克斯洛伐克那么简单了，整个世界的文明与自由都将受到威胁。
>
> 无论发生什么，其他国家都应该清楚这一点——英国政府也应该将这个事实告诉他们——大不列颠和大英帝国一定会像在其他重大历史事件中那样，尽其所能，履行其职责。

这段时间，我同各位大臣都有所接触。其中，我和政府在国防和外交政策上存在着严重分歧，这自然影响了我和哈利法克斯勋爵的关系。过去，我和艾登在主要问题上观点总是保持一致；而如今面对他的继任者，我丝毫没有这种感觉。而且无论在什么场合，我和艾登都能像朋友和多年并肩作战的老同僚一般对待彼此。我会时不时给他写信，他也偶尔让我去看看他。

　　丘吉尔先生致哈利法克斯勋爵：

　　　　如果贝奈斯履行了对希特勒的承诺，朗西曼也认可了他的建议，但希特勒仍旧拒绝和平解决捷克问题的话，那么我们或许应该在这周完成两件事，以便能更有力地抗击希特勒的暴力行动。对此，你无须对做出的任何重大承诺承担责任。

　　　　第一，能否让英法苏三国拟定一份联合声明，以此说明：1. 他们都渴望和平友好的国际关系；2. 他们都对德军的军事部署深感焦虑；3. 他们都十分关心对捷克斯洛伐克争端的和平解决；4. 德国入侵捷克斯洛伐克将会引起这三个国家最为密切的关注。这个声明一经拟定，就应该由三国驻美大使正式递交给罗斯福；我们要竭力引导他全力支持这项声明。我认为，还有一种情况也不是不可能的：罗斯福或许会亲自致信希特勒，强调局势的紧张并阐明他的看法，即德国入侵捷克斯洛伐克势必会引发世界大战，因此迫切希望能和平地解决此事。

　　　　依我看，这种做法会为德国政界的和平人士提供坚持和平立场的大好机会，希特勒也能通过与罗斯福的和谈为自己找个台阶。然而，以上这些事态发展都是无法预测的，权当希望罢了。真正重要的还是这份联合声明。

　　　　挽救局势的第二件事是出动舰队，并把后备舰队和巡洋舰队纳入现役编制。虽然我不建议出动皇家舰艇后备部队或实施组织动员，但我相信可以将五六艘小舰队升至第一舰队

的规模，并动用近两百艘拖网渔船抵抗德国潜艇。诸如此类的措施将会在海军港口制造巨大声势，这种声势既能有力地震慑德方，也能在战争爆发时及时发挥预警作用，只会对我们有利。

　　我冒昧地希望你不要反感我这个过来人的建议。另外，完成以上事情的速度显然是至关重要的。

1938 年 8 月 31 日

*　　*　　*

　　9 月 2 日，我收到了苏联大使麦斯基先生的来信。信中他表示，希望能立刻到恰特韦尔庄园和我见面，商讨一个重要问题。我和麦斯基先生是相识已久的好朋友，他也经常和我的儿子伦道夫见面。我接见了这位大使，寒暄几句后，他便把情况一五一十地告诉了我。他还没说几句，我便明白了他之所以和我单独见面的原因：苏联政府更希望通过我而不是直接向外交部提出建议，以免遭到拒绝。麦斯基显然是想让我把这些话通通上报给英国政府。虽然他嘴上没这么说，但他也没有要求我保守秘密，这就暗示了他有此想法。我当即发觉这是头等大事，因此在给政府转达时非常谨慎，力图不掺杂任何个人观点，不使用有可能引发矛盾的措辞，以防哈利法克斯和张伯伦在考虑这个问题时有失偏颇。

　　丘吉尔先生致哈利法克斯勋爵：

　　　　我私下收到了一份来源可靠的情报，尽管没有人要求我这么做，但我还是认为有义务向你汇报。

　　　　昨天，也就是 9 月 2 日，法国驻莫斯科代办（大使还在休假中）拜访了李维诺夫先生，并以法国政府的名义问他：如果捷克斯洛伐克受到德国袭击，苏联将提供什么援助，特别是考虑到波兰和罗马尼亚可能保持中立所造成的困难。对

此，李维诺夫反问法国有什么打算，并指出法国对捷克斯洛伐克负有直接义务，而苏联要承担的义务是由法国的行动来决定的。虽然法国代办没有回答这个问题，但李维诺夫依然向他表示：苏联已决心履行对捷克斯洛伐克的义务。他认识到了波兰和罗马尼亚的中立态度所带来的困难，但他认为罗马尼亚方面的困难是可以克服的。

近几个月，罗马尼亚政府一直对苏联实行友好政策，两国关系也大为改善。李维诺夫先生认为，通过国际联盟来改变罗马尼亚的态度是再好不过了。举个例子，如果国际联盟认定捷克斯洛伐克是被侵略国，德国是侵略国，或许会使罗马尼亚允许苏联陆军和空军过境。

当法国代办指出，国际联盟理事会或许不能达成一致意见，李维诺夫回应道，按照少数服从多数的原则即可，而且罗马尼亚很可能在理事会表决时加入多数的一方。因此，李维诺夫以战争威胁为由，建议根据第十一条规定召集国际联盟理事会，让国际联盟各成员国共同商讨捷克问题。而且他认为时间紧迫，越快越好。随后，他又告诉法国代办，苏联、法国和捷克斯洛伐克三国参谋部应该立刻举行会谈，商讨援助捷克的办法和措施，并表示苏联已经做好了会谈准备。

紧接着，李维诺夫提到了 3 月 17 日的那次谈话，外交部肯定备份了这次谈话的内容。他在谈话中建议，应由主张和平的各个国家商讨维护和平的最佳途径，也许最好能发表一个包括法国、苏联和英国三大国在内的联合声明。他相信美国会在道义上支持这个声明。李维诺夫的这些话都是以苏联政府的名义说的，因为苏方认为他谈到的这些建议是阻止战争的最好方法。

我要指出，今天的消息似乎表明希特勒的态度趋于平和，所以我认为除非亨莱因与贝奈斯的谈判出现新的破裂（如果出现破裂则过错不会在捷克斯洛伐克政府一方），英国政府不

会考虑采取进一步行动。如果希特勒确实打算和平化解捷克问题，那我们就不应该激怒他。

当然，你或许已经从其他渠道得知了这些消息，但我认为李维诺夫先生的言论尤其重要，所以我必须向你汇报。

1938 年 9 月 3 日

我把报告口授写好后，便立刻递交给哈利法克斯勋爵。9 月 5 日，他以谨慎的口吻回复说，虽然他认为根据第十一条规定采取行动并没有什么用处，但他还是会留心此事。他说道："就像你说的，应该根据亨莱因从贝希特斯加登带来的报告重新审视当前局势。"随后他又补充说，当前的形势依旧很令人焦虑。

*　　*　　*

《泰晤士报》9 月 7 日的社论写道：

> 捷克斯洛伐克政府准备满足苏台德地区日耳曼人的新一轮要求，但如果这些人仍不知满足，那就只能推断出德国的目的不单单是为那些在捷克斯洛伐克过得不顺心的日耳曼人解除痛苦。在这种情况下，捷克斯洛伐克政府有必要考虑废弃那个已经在某些地区获得支持的方案，这个方案的主要内容是要把日耳曼人居住的苏台德地区割让给与其接壤的德国，因为德国居住着与这些异族居民相同的种族，从而使捷克斯洛伐克成为一个种族成分更纯粹的国家。

这种说法当然意味着波西米亚将全线投降。虽然英国政府立刻声明《泰晤士报》的社评不能代表政府意见，但国外舆论（尤其是法国）对此还是充满担忧。就在英国政府表明立场的同一天，也就是 9 月 7 日，法国驻伦敦大使代表法国政府拜访了哈利法克斯勋爵，请求

英国政府就德国进攻捷克斯洛伐克一事表明立场。

随后，法国外交部部长博内先生宣称，他于 1938 年 9 月 10 日向英国驻巴黎大使埃里克·菲普斯提出如下的问题："希特勒也许明天就会进攻捷克斯洛伐克。如果他真这么做，法国会立刻调动军队，届时法国还会转过头问问英国'我们要出兵了，你们不一起行动吗?'不知道大英帝国会作何回应呢?"

经内阁同意，哈利法克斯于 9 月 12 日将回复发给埃里克·菲普斯爵士，再由他转交给法国政府：

> 我当然清楚，直白地回答这个问题对法国政府多么重要。但正如你对博内所说的那样，这个问题看似简单，却不能脱离其产生的环境孤立存在；从现阶段来看，你谈的这种情况还纯属假设。
>
> 此外，就此事而言，英王陛下政府不可能只关心自己的处境，因为无论政府做出什么决定或采取什么行动，事实上都要让各自治领承担义务。各自治领政府当然不愿意在大战未发生前，由别人替它们做出决定，它们希望能自行决断。
>
> 所以截至目前，我对博内先生的问题只能作如下回复：虽然英国政府绝不会让法国的安全受到威胁，但面对不可预知的局势，英国政府尚不能准确清楚地表明会采取何种行动或何时采取行动。

针对"英国政府绝不会让法国的安全受到威胁"这个说法，法国又向英国提出问题，如果法国受到威胁，英国会提供哪些援助。根据博内所说，英国政府会在开战后的六个月内，为法国提供两个非机械化师和一百五十架飞机。如果博内先生的目的不过是为了找个借口，以便把捷克斯洛伐克交由命运支配，那么，我们应该承认他的目的已经达到了。

也就是 9 月 12 日这天，希特勒在纽伦堡党员大会上宣布将大举进

攻捷克，并于第二天在捷克的某些地区实施戒严令。9 月 14 日，英法两国同亨莱因的谈判彻底破裂了；9 月 15 日，苏台德地区领导人逃回德国。至此，最危急的时刻已经到来了。

第七章

SEVEN

慕尼黑事件悲剧收场

张伯伦大权在握——张伯伦和希特勒会晤——英法对捷克斯洛伐克施压——人们忽视了苏联的实力——希特勒的最后通牒——英国开始动员海军——德国陆军总参谋部给希特勒的建议书——希特勒动摇了——张伯伦第三次建议拜访希特勒——慕尼黑会议——"光荣的和平"——法国和英国走上绝路

英国外交政策已完全由张伯伦负责。霍瑞斯·威尔逊爵士是张伯伦的心腹和代理人，外交部的气氛令哈利法克斯勋爵日渐疑惑，但他对首相的安排依然言听计从。内阁如今人心惶惶，但仍听命于张伯伦。首相用高明的政治高压手段操纵着下议院的多数政府成员。可以说只有一个人，那就是张伯伦，掌握着我们国家的所有大事。面对工作，不管是他应该负责的还是他应尽力做的，他都毫不退缩。

9 月 13 日和 14 日晚，达拉第与张伯伦取得联系。法国政府认为，如果法英两国领导人亲自出马一起去见希特勒，这也许会有帮助。然而张伯伦却有自己的想法。他主动致电希特勒，希望与其会面。第二天他向内阁报告了这件事，当日下午便收到希特勒的回复，邀他去贝希特斯加登。于是 9 月 15 日早晨，英国首相张伯伦乘坐飞机抵达慕尼黑机场。然而无论从哪方面来看，这个时机选得都很不好。消息传到布拉格，捷克领导人甚为震惊，简直无法相信这是事实，因为这是他们第一次能够控制住苏台德区的内部形势，而英国首相竟在这个关键时刻亲自拜访希特勒，不禁让捷克领导人感到这会削弱他们和希特勒谈判时的地位。此前，9 月 12 日希特勒曾发表过挑衅性演讲，随后亨莱因党徒在德国支持下发动了叛乱，但这一切都没有得到当地人的支

持，因此亨莱因逃亡到了德国，苏台德的日耳曼党因失去了领导人公然反对直接采取行动，苏台德区的形势也得以控制。另外，捷克政府在其所谓的"第四计划"中，曾正式向苏台德的日耳曼领导人提出区域自治的建议，内容不但比4月份亨莱因在卡尔斯巴德提出的更多，而且完全符合张伯伦3月24日演讲中提出的观点，也符合西蒙爵士8月27日演讲中的声明，这也是促成苏台德地区形势正常化的一个举措。德国人最不愿看到的是苏台德领导人和捷克政府之间达成双方满意的协定，使苏台德地区的局势得到控制，这一点甚至连朗西曼勋爵都意识到了。而张伯伦此行给苏台德日耳曼党提供了一个提出更多要求的机会，该党的极端分子依照柏林的指示，公然提出要将苏台德地区划归德国。

*　　*　　*

　　9月15日早晨，首相乘坐的飞机抵达慕尼黑机场，随后乘火车前往贝希特斯加登。与此同时，德国各无线电台都在转播亨莱因要求苏台德区划归并德国的声明，这是张伯伦下飞机后听到的头条新闻，显然是计划好的，要让张伯伦在会见希特勒之前得知苏台德将划归德国的消息。而在这之前不论德国政府或亨莱因本人都从来没有提出过，就在几天前英国外交部还表示英国政府不会接受这项政策。

　　法伊林先生已经将张伯伦与希特勒的对话内容公开发表了，从他的叙述中，我们可以总结出张伯伦对希特勒的一个突出印象：

> 虽然希特勒一脸冷酷无情，但他给我的印象却是，这个人在作了保证之后还是一个可以信赖的人。

　　事实上，我们已经看到，希特勒早在几个月以前就已下定了决心，并做好准备对捷克斯洛伐克发动侵略，所等待的只是最后的信号而已。首相在星期六，即9月17日返回伦敦，立即召集内阁会议。那时朗西

曼勋爵已经回来了，他的报告肯定受到了大家的关注。这段时间他身体状况一直不好，执行这项使命，顶着巨大压力，这让他消瘦不少。他建议采取"一项直截了当的行动"，即"把日耳曼人占多数的苏台德地区移交给德国"。这个办法至少有简单明了的优点。

首相和朗西曼勋爵深信，只有将苏台德区割让给德国，才可以阻止希特勒入侵捷克。与希特勒会见时，张伯伦曾强烈感受到"此人充满斗志"。同时张伯伦领导下的英国内阁认为法国人不愿打仗，因此根本谈不上抵制希特勒向捷克提出的要求，有一些大臣竟以"民族自决权""要求给少数民族以公正待遇"等论调聊以自慰，甚至还有人表现出一副"支持少数派反抗捷克斯洛伐克暴徒"的荒谬态度。

现在确实有必要同法国一起退让一步。9月18日，达拉第与博内来到伦敦。希特勒曾在贝希特斯加登向张伯伦解释了自己的要求，张伯伦早已决定在原则上接受。剩下的事情就是拟定建议，由英法两国驻布拉格代表向捷克政府提出。法国内阁送来了一份比较周到的草案。他们不赞成公民投票，担心斯洛伐克和卢西尼亚地区也可能会提出同样的要求，因此更希望能够直接将苏台德区割让给德国。法国大臣补充说，捷克斯洛伐克已支离破碎，英国政府连同法国和苏联一定要确保捷克斯洛伐克的新国界，虽然法苏两国从未就此问题进行过任何形式的磋商。

我们中有许多人，甚至有些内阁圈子外的人士，都感到博内实质上代表的是彻头彻尾的失败主义，而"不惜任何代价换取和平"，是他的口才的集中表现。在他战后所写的一本书中，博内竭力把全部责任都推到了张伯伦和哈利法克斯身上。当时他有什么打算，我们大家都很清楚，他想不惜任何代价，努力使法国避免履行最近还明确重申的一个庄严而神圣的义务，为保卫捷克斯洛伐克而战。此时的英法两国内阁，外表好像两个烂熟的西瓜，没有主见，互相一压就成了稀巴烂；其实他们需要的是一展锋芒，至少两国在一件事上的意见应是一致的，根本不用同捷克进行任何商量：作为捷克斯洛伐克的保护人，捷克斯洛伐克人就应当对他们的决定百依百顺。扔在森林里的孩子如

何对待也不过分。

英法两国在向捷克斯洛伐克表达他们所做的决定或者说最后通牒时说："法英两国政府都意识到捷克斯洛伐克保卫家园将需要付出多么巨大的代价，两国认为有责任开诚布公地向捷克斯洛伐克提出取得和平的基本条件。张伯伦首相将最迟在星期三与希特勒再次对话，如有可能也会提前。因此，我们希望你们尽早给予答复。"9月19日下午，捷克斯洛伐克政府就收到了有关提议，要求立即把捷克斯洛伐克境内日耳曼人口超过半数的地区割让给德国。

英国毕竟没有保护捷克斯洛伐克的条约义务，英国也没有提出过任何非正式援助的承诺。但法国不同，法国的确有这样的条约约束：如果德国攻打捷克斯洛伐克，法国必须对德宣战。二十年来，捷克斯洛伐克总统贝奈斯一直是法国忠诚的盟友，而且几乎可以说是法国的附庸，一直支持法国的各项政策，维护法国在国际联盟和其他场合的各种利益。如果说这个世界上真有神圣庄严的义务存在，那就是现在法国和捷克斯洛伐克之间的义务。布鲁姆和达拉第的承诺余音未落，如果法国政府出尔反尔，实乃凶兆。我始终认为贝奈斯总统不应屈服而应该坚守防线。按照我当时的看法，战争一旦打响，法国一定会在情绪高涨的全国人民的支持下，援助捷克斯洛伐克，而英国也应当立即同法国结盟一致行动。9月20日，危机进入白热化阶段，为会见法国政府中我的两位朋友——雷诺、曼德尔，我到巴黎访问了两日。这两位部长都感到非常苦恼，甚至想辞职退出达拉第内阁。我反对他们这样做，因为两位大臣的牺牲不仅不能改变事态的发展，而且会使法国政府因损失两位果断能干的人而更加虚弱，我冒昧地告诉了他们我的想法。巴黎之行，劳力伤神，结束后我便返回伦敦。

*　　*　　*

9月20日深夜直到第二日凌晨二时，英法两国驻布拉格公使拜访贝奈斯总统，并告诉贝奈斯，根据1925年德捷条约进行仲裁已不可能，两国大臣催促并希望贝奈斯"在情况演变到英法两国无法承受之前"接受英法的提议。给捷克斯洛伐克发出这样的通知，法国政府实感惭愧，因此命令大臣口头传达。9 月 21 日，捷克斯洛伐克政府迫于压力屈服于英法提议。当时在布拉格有一位名叫福歇的法国陆军将军，自 1919 年开始任法国驻捷克斯洛伐克军事代表团团员，1926 年升任团长。听到这个消息，他向法国政府请辞，随即加入了捷克斯洛伐克军队，还接受了捷克斯洛伐克国籍。

法国自始至终为自己所做的辩解是不容轻易忽略的，他们说，如果因捷克斯洛伐克拒绝投降，因而引发了战争，法国自当履行自己的义务，向德国宣战以保护捷克斯洛伐克；但如果捷克斯洛伐克当时迫于压力而选择屈服，那就无损于法国的荣誉。关于这一点，我们只好交给历史来评判了。

*   *   *

在同一天，即 9 月 21 日，我向伦敦新闻界发表了一篇声明：

> 迫于英法压力，捷克斯洛伐克被分割，这无疑是西方民主国家彻底向纳粹武力威胁投降的表现，这种软弱并不能给英法两国带来和平和安全，恰恰相反，只能置两国于更加不利的危险境地之中。让捷克斯洛伐克保持中立意味着德国将能借机抽调出二十五个师的兵力威胁西部前线，为骄慢的纳粹打开通往黑海的道路，这不仅威胁着捷克斯洛伐克的安全，更威胁着所有民族的自由与民主。把一个小国投入虎口，牺牲小国以求安全的想法不过是一个致命的幻想。德国的军事潜力将在短时间内迅速提升，其速度比英法两国完善自己必要的战备防御措施要快得多。

＊　　＊　　＊

9月21日，李维诺夫在国际联盟大会上正式提出警告：

捷克斯洛伐克，这个古老的欧洲民族，文明斐然，勤劳敬业，曾在长达数百年的民族压迫中毅然反抗，赢得了独立。如今，捷克斯洛伐克内政正在受到其邻国的干涉，并且受到了明目张胆的武力恐吓。我相信，要么今天要么明天，捷克斯洛伐克人将拿起武器奋起捍卫来之不易的民族独立。

对于奥地利亡国这样的重大事件，国际联盟竟置之不理。苏联政府深知奥地利事件关乎整个欧洲的安全，尤其是关乎捷克斯洛伐克的生死存亡。于是，苏联在德奥合并之后，立即向欧洲其他强国正式提出建议，应立即就奥地利事件可能产生的后果进行集体磋商，以便采取集体预防措施。令人遗憾的是，这项提议并没有得到应有的重视。如果当时实施了这项建议，现在全世界就不至于为捷克斯洛伐克的命运感到如此的惊慌。在我动身去日内瓦的前几天，法国政府第一次问我们：一旦捷克斯洛伐克受到攻击，苏联将采取什么态度？我以政府的名义给出了以下极其明确的回答：

"我们将根据条约履行自己的义务，将同法国一齐竭尽全力援助捷克斯洛伐克。我国的国防部将准备立即参加法国和捷克斯洛伐克国防部代表与会的会议，商讨采取合适的措施。"仅仅在两天以前，捷克斯洛伐克政府正式询问我国政府，如果法国恪守条约，履行援助捷克斯洛伐克的义务，那么苏联是否也准备根据苏捷条约，给予捷克斯洛伐克同样直接而有效的援助呢？对于这个问题，我国政府给予了明确肯定的答复。

令人震惊的是，一个相关大国所发表的不带附加条件的公开声明，居然在张伯伦的谈判和对法国处理这次危机的行动中丝毫不起作用。我听有人说，就地理位置而言，苏联不可能把军队开到捷克斯洛伐克去，而且发生战争时，苏联的援助也只能是限于小规模的空军支持。苏联军队想要到达捷克斯洛伐克，首先要征得罗马尼亚的同意，其次要得到匈牙利的同意，允许苏联军队穿越他们的领土。麦斯基先生向我表示，至少对罗马尼亚来说，如果在国际联盟支持下的一个大同盟对它施加压力和提出保证，就很可能取得罗马尼亚的同意。从苏联经过喀尔巴阡山脉到捷克有两条铁路：北面的一条是由切尔诺夫策经过布科维纳；南面的一条是由德布勒森经过匈牙利。这两条铁路距布加勒斯特和布达佩斯都有很长一段距离，利用这两条铁路绕过敌军，就可以向捷克斯洛伐克输送三十个师的苏联军队。这些可能性提供了维护和平的筹码，会大大牵制希特勒的军队，一旦发生战争，几乎可以肯定它们能够极大地改变战事的发展。然而有人一再强调苏联口是心非、不守信用，因此苏联的提议实际上被忽视了，不仅没有被放在对付希特勒的天平上，反而受到冷落甚至受到蔑视，这在斯大林的心里留下了心结。此后事态的发展，好像世界上不存在苏联这个国家一样，为此我们后来付出了惨痛的代价。

＊　　＊　　＊

　　9 月 21 日，墨索里尼在特雷维佐发表了一篇相当重要的演说，他指出："如果捷克斯洛伐克发现自己正处在一种可以称为'微妙的形势'下，那是因为捷克斯洛伐克不仅曾是（我们现在或许已经可以用'曾是'这两个字了）捷克斯洛伐克，而且还是'捷克、日耳曼、波兰、马扎尔、卢西尼亚、罗马尼亚、斯洛伐克'，我要强调的是，既然问题已经摆在我们眼前，那么必须要通盘考虑，想办法加以解决。"

　　屈从于英法的联合提议，捷克斯洛伐克政府解体，一个由赛洛维将军领导的无党派政府成立。赛洛维将军曾是第一次世界大战驻西伯

利亚的捷克斯洛伐克军团司令。9 月 22 日，贝奈斯总统通过广播语气严肃地呼吁捷克全体人民保持镇静。当贝奈斯准备广播时，张伯伦已经飞往德国，准备与希特勒进行第二次会晤，这次会晤在莱茵兰的一个叫戈德斯贝格的城市举行。英国首相带着英法联合提议的细节，以此为基础和德国元首进行最后的谈判。二人在戈德斯贝格的旅馆会面，这个旅馆正是四年前希特勒为了肃清罗姆而匆匆离开的那一家。会谈一开始，张伯伦就意识到他面临着他所说的"一种完全意想不到的局势"。返回英国后他曾在下议院描述当时的情景：

　　在贝希特斯加登时，我听说如果接受民族自决原则，希特勒就会同我探讨实施的方法和步骤。希特勒后来告诉我，他根本没有想到我会再次和他会晤，并表明愿意接受民族自决原则。我不希望下议院认为希特勒是在有意欺骗我——到目前为止我都没有这样想过——但是，对我来说，我本来以为当我到达戈德斯贝格时，我只需和他平静地商讨我带去的英法提议。使我大为震惊的是，会谈一开始他就说这些建议是不能接受的，并准备了另外一份我根本没有想到的提议。

　　我感到需要一些时间来考虑我该怎么办，因此我离开谈判席，不知我能否顺利完成使命，对此我心中充满了不祥的预感。但在退场前我先争取到了希特勒的允诺，让他答应延长以前提出的保证，这个保证就是在谈判未获结果之前不能调动军队。而我则答应他说服捷克斯洛伐克政府不要采取任何行动以免滋生事端。

　　会谈就这样暂告一段落，直到第二天才继续进行。9 月 23 日的整个早晨，张伯伦一直在旅馆的阳台上踱步。早餐过后，他向希特勒送去了一封书信，说他准备把德国的新建议转交给捷克斯洛伐克政府，同时也指出了将面临的巨大困难。午后，希特勒回复了张伯伦，然而言辞中并没有丝毫的让步。在当晚的最后一次会议上，张伯伦提出要

一份附有地图的正式备忘录、建议书和地图。捷克斯洛伐克当时已经开始动员，英国和法国政府也都向各自驻布拉格的代表正式表明，他们以前曾劝说捷克斯洛伐克不要动员，现在不能再继续这样做了。当天晚上十点三十分，张伯伦再次会见希特勒，会谈的情况最好用张伯伦自己的话描述：

> 我和德国总理的最后一次会谈，从那晚十点半一直持续到第二天凌晨两三点，与会的还有德国外交部部长、亨德森爵士和威尔逊爵士。会谈中他把建议书的备忘录和地图交给我，我第一次在建议书上看到还有时间限制。对此，我直言不讳极力强调说，如果坚持这些条款就会发生危险，一旦战争爆发，后果会不堪设想。我指出，文件中的措辞以及字里行间所显示出的态度使它看起来更像是最后通牒而不是建议书，这将在中立国引起巨大震动。我严厉斥责这位德国总理对我谋求和平的努力拒绝给出任何响应。
>
> 必须补充的是，希特勒诚恳地向我重申他曾在贝希特斯加登所说的话，说这是他在欧洲领土上的最后一点野心，他并不希望把除日耳曼以外的其他种族都归入德意志。他再一次极其真诚地表示，他希望同英国友好相处，如果苏台德问题能够和平解决，他很愿意恢复谈判。当然他还说道："殖民地的问题很棘手，但这并不会引起战争。"

9月24日下午，张伯伦返回伦敦，第二天，内阁召开了三次会议，会议决定拒绝希特勒在戈德斯贝格所提出的条件，并准备把这个消息转告给德国政府。当时，伦敦和巴黎的舆论日益强硬。法国内阁同意英国内阁会议的决定，并立即实施动员，其效率之高确实出乎意料。9月25日晚上，法国总理再次来到伦敦，勉强同意对捷克斯洛伐克履行义务。次日下午，威尔逊爵士奉命携首相亲笔信到柏林会见希特勒，此时距希特勒在体育馆演讲还有三个小时。威尔逊爵士所能得

到的唯一答复就是，希特勒不会放弃戈德斯贝格最后通牒中的时限
——如果在 9 月 28 日（星期三）下午两点以前捷克斯洛伐克没有妥
协，那么他就会在 10 月 1 日（星期六）向有关地区进军。

当天晚上，希特勒在柏林发表演说。当涉及英国和法国时，他言
辞温和亲切，但对贝奈斯和捷克斯洛伐克人民则进行了粗暴无情的攻
击。他坚决表示，捷克人必须在 26 日之前离开苏台德地区。一旦解决
了这个问题，捷克斯洛伐克无论发生什么，他都不再感兴趣。"这是我
在欧洲提出的最后一个领土要求。"

*　　*　　*

与其他类似情况一样，危机日益加重时，我与政府的联系就更加
频繁，关系也日益密切。9 月 10 日，我到唐宁街拜访首相，与他进行
了一次长谈。9 月 26 日，在首相的邀请下，我再次前去拜访，首相很
乐意与我会面，在这至关重要的一天，下午三点半，他和哈利法克斯
勋爵在内阁会议室接见了我。我曾在 8 月 31 日致哈利法克斯勋爵的信
中提议，由英国、法国和苏联发表联合声明，表达一致对抗希特勒侵
略的态度和决心，此次我敦促他们执行我在 8 月 31 日的信中所提出的
政策。我们详细讨论了一份公报，似乎也达成了共识。哈利法克斯勋
爵与我的意见一致，我自然也认为首相是完全同意的。当时一个外交
部的高官也在场，由他拟定了稿件。分别之际，我甚为满意，如释
重负。

大约在当天晚上八点，外交部新闻司司长，也就是雷金纳德·利
珀爵士，向外交大臣提交了一份公报，内容大意如下：

> 德国如果不顾英国首相的反对，仍要对捷克斯洛伐克发
> 动进攻，其直接结果一定是法国必然会向捷克斯洛伐克伸出
> 援手，而英国和苏联也必定会支持法国。

公报由哈利法克斯勋爵批准后便立即发表了。

早些时候，当我回到在莫佩思大厦的公寓时，已有十五位先生聚集在此，他们都是保守党人，其中有塞西尔勋爵、劳埃德勋爵、爱德华·格里格爵士、罗伯特·霍恩爵士、布思比先生、布雷肯先生、劳先生。大家群情激昂，每个人都关注一个焦点："我们必须让苏联参战。"保守党内部联合苏联的意见如此强烈，令我深受感动，惊叹不已。这说明他们已经完全抛开了阶级、党派和意识形态的成见，我把唐宁街的情况告诉了他们，并说明公报的性质。大家听了都大为安心。

法国右派报纸则对这个公报持怀疑和蔑视的态度。《晨报》称之为"一个狡猾的谎言"。博内先生则忙着炫耀他的行动是多么的超前，他对几个议员说，他无法证实英国公报，这并非是他盼望从英国那里得到的承诺。

当晚，我和库珀在海军部共进晚餐。他告诉我他正在请示首相立即进行舰队动员。这使我回想起二十五年前自己的经历，那情景与当下如出一辙。

* * *

冲突时刻似乎已经到来，敌对双方已列阵对峙。捷克斯洛伐克的一百五十万军队坐拥欧洲最强防线，组织有序，装备精良。尽管法国军队并不十分情愿，但还是进行了部分动员，法国内阁已准备好履行对捷克斯洛伐克的义务。就在9月27日午夜之前，我国海军部已经向舰队发出警戒，命舰队次日进行动员。英国报纸几乎同时（晚十一时三十八分）得到了这一消息。9月28日上午十一点二十分，海军部正式发布英国舰队动员令。

* * *

现在我们来回顾一下希特勒当初对英法两国政府强硬的态度背后

所发生的事情。德国总参谋长贝克将军对希特勒的计划深感不安，他全力反对，并准备制止。3月，德国入侵奥地利后，他向希特勒递交了一封建议书，以详尽的事实为基础，提出连续不断的征战计划必然导致世界性灾难，也会使日渐中兴的德意志走向毁灭。对此，希特勒未作任何回复，此事暂时搁浅。贝克不愿分担元首决意进行战争的历史责任。7月，两人开始对峙。攻打捷克斯洛伐克在即，贝克要求希特勒保证不再进行下一步军事冒险，两人就此决裂。希特勒对贝克说，军队是国家的工具，自己是国家元首，因此陆军和其他武装力量都要无条件服从元首的意志，贝克因此提出辞职。但贝克的辞职请求没有得到回复，然而将军去意已决，从此不再到陆军部办公了。希特勒被迫将贝克解职并委派哈尔德接任。对于贝克来说，他的命运虽是悲剧性的，但依旧光荣。

所有这些事情都属于机密，只有一小部分人知道。现在元首和他的专家顾问们也开始产生了激烈的矛盾。贝克将军一直以来都得到了陆军参谋部的绝对信任和尊重，陆军参谋部不仅在职业观念上意见一致，而且一向反感来自非军人和政党方面的命令。九月危机后，德国将领担心的局面似乎出现了。现在有三十到四十个师的捷克斯洛伐克军队部署在德国东部边境，法国重兵又以将近八比一的优势力压"西墙"。苏联军队也是来者不善，可能经波兰或罗马尼亚向前推进，从捷克斯洛伐克机场采取行动。最后，据说英国海军已经在进行最后阶段的动员。随着形势的不断发展，人们的情绪也上升到了狂热的阶段。

当时我们手头有一份哈尔德将军提供的报告，报告描述了有关计划逮捕希特勒及其主要亲信的计划。这件事的证据不仅限于哈尔德将军一人的详细陈述，现在我们知道逮捕希特勒的计划肯定早已制定了，但他们当时的决心到底有多大，还不能准确判断。德国将领们曾不断地计划反叛，但在最后关头又因为各种理由而退缩了。他们被盟军俘获后，为了其自身利益，总会不厌其烦地讲述自己如何反叛过希特勒，为和平做出过努力。毫无疑问的是，当时确实存在这样的计划，而且为了实施这一计划也采取过一些有力的措施。

哈尔德说，在 9 月初我们就采取了必要的措施让德国能够摆脱这个疯子。当时，绝大多数德国人民对战争的前景充满恐惧。但我们并没有打算要把纳粹领导人杀死——我们只是想逮捕他们，然后建立一个军事政府，向人民宣布：我们之所以采取行动，是因为我们深信人民正被纳粹领导人带入一个无法躲避的灾难中。

参与这个计划的有：哈尔德将军、贝克将军、施蒂普纳格尔将军、维茨累本将军（柏林卫戍司令）、托马斯将军（装备署署长）、布罗克多尔夫将军（波茨坦卫戍司令）以及柏林警察局局长赫尔多夫将军。他们还秘密告诉了总司令勃劳希契将军，他也表示赞同。

借着对捷克斯洛伐克采取军事行动和军队正常的调动，他们顺利地把一个装甲师调到靠近柏林的地区，只需一个晚上的时间就可以开到柏林。有证据表明：在慕尼黑危机时，驻扎在柏林南面的是赫普纳将军指挥的第三装甲师，赫普纳将军的秘密任务就是接到信号后立即占领首都、总理府和其他重要部门。为了达到这个目的，这个师归维茨累本将军指挥。根据哈尔德的供述，当时，柏林警察局局长赫尔多夫对于拘捕希特勒、戈林、戈培尔和希姆莱等人，曾作过极其周密的部署。"当时不可能出现任何意外。只要希特勒在柏林，政变就能取得完全的成功。"9 月 14 日早晨，希特勒从贝希特斯加登到达柏林。哈尔德在中午得到这个消息后，立即去见维茨累本，拟定行动计划，并当即决定在当天晚上八点行动。据哈尔德说，下午四点，维茨累本接到了张伯伦要飞往贝希特斯加登与希特勒会晤的消息，于是立即召开会议。会上，哈尔德告诉维茨累本说："如果希特勒虚张声势通过恐吓又获得了成功，那么此时他作为总参谋长不宜与希特勒唱反调。"于是决定暂缓行动，等待事态的发展。

这就是当时的总参谋长冯·哈尔德所描述的柏林内部危机。至于是否属实，有待历史学家的考证。之后，其他的德国将领（米勒和希勒布朗德将军）也证实了此事，各种官方调查也认为此事确凿无疑。

如果此事最终被确定为历史事实，这又是一个可以因偶然事件而改变人类命运的实例。

　　毫无疑问，总参谋部中还存在其他力量也试图抑制希特勒，虽然这些力量不够激烈但还算热心努力。9 月 26 日，汉内肯将军、里特·勒布将军和博登沙茨上校等组成的代表团，到德国总理府请求谒见希特勒，但被打发走了。次日中午，主要将领在陆军部召开会议，一致同意拟定一份建议书，送交总理府。1938 年 11 月，这份建议书曾在法国出版。建议书共分为五章，另有三份附录，共计十八页。第一章主要叙述第三帝国政治领导人与军事领导人之间的意见分歧，并断言德国民众士气低落，无法承受一场欧洲大战。建议书指出，如果战争爆发，就必须把非常权力授予军事当局。第二章叙述了国防军的情况不容乐观，并提到军事当局不得不"对违反纪律的情况视若无睹"。第三章列举了德国军备的种种缺陷，详细讲述了齐格菲防线的弱点，由于建设过于匆忙，埃克斯拉夏佩勒和萨尔布吕肯地区的防线缺少防御工事。建议书又说，法国军队集结在吉维周围，有入侵比利时的可能。文件最后强调了军官短缺，要使陆军具备作战能力至少需要四万八千名军官和十万名军士，若要全部动员，陆军至少有十八个师缺乏训练有素的下级指挥官。

　　该建议书还列举了种种理由，表明为什么除了局部作战外，德国必然战败，而且可以肯定的是，德国陆军军官里只有不到五分之一的人对德国能够获胜有信心。在附录中，有关对捷克斯洛伐克军队的评论认为，捷克斯洛伐克军队即使没有盟军的支持也可坚持三个月，而德国则需要在波兰、法国边境、波罗的海和北海海岸驻守用于掩护的兵力，还需要在奥地利部署至少二十五万人来对抗人民暴动以及捷克斯洛伐克可能发起的进攻。最后，参谋部认为在三个月之内的战争行动不可能仅限于局部地区。

　　陆军方面提出的有关警告，最后又由德国海军部长雷德尔海军上将再次加以强调。9 月 27 日晚上十点，元首接见了雷德尔，雷德尔强烈呼吁要慎重开战，几小时后，英国舰队动员的消息使得他的呼吁更

加有力,希特勒此刻有些动摇了。凌晨两点,德国电台正式否认德军准备在 29 日动员的消息。上午十一时四十五分,德国官方通讯社再次向英国新闻界否认德军意图动员的消息。此时,希特勒纵使意志力惊人也承受着极其沉重的压力,显然他已走到了全面战争的边缘,但又面临着不利的舆论压力和海、陆、空三军将领的严正警告,他是否应该毅然决然地选择投入战争呢?如果不选择战争,向来威名赫赫的他,又如何在此刻选择撤退呢?

＊　　　＊　　　＊

在元首和他的将领之间进行争论的时候,张伯伦正准备向英国人民广播。9 月 27 日晚上,他通过广播说道:

> 一个万里之外的遥远国家,一群我们一无所知的人,因为他们之间的争吵,我们要在这里挖战壕,试戴防毒面具,这多么可怕、荒诞,令人难以置信!如果能有一丝益处,我将毫不犹豫地第三次访问德国以避免战争。我从骨子里热爱和平。对我来说,国家之间兵戎相见是一场噩梦;但是,如果我确认有任何一个国家一意孤行,欲以武力统治世界,那么我认为必须对其进行反抗。因为在那样的统治下,信仰自由的人民失去了生存下去的理由。然而战争又是可怕的,在奔赴战场之前,我们必须清楚,战争是一个生死攸关的大问题。

张伯伦发表完这场演说后,收到了希特勒对他上次让威尔逊爵士转交的信件的回复。这封回信带来了一线生机。希特勒表示愿意加入联合保证捷克斯洛伐克新边界的协议,并愿意进一步保证新公民投票的实施方式。当时时间非常紧迫,马上就要到戈德斯贝格建议书中有关德国所拟定的最后通牒的日期(即 9 月 28 日星期三)。因此,张伯

伦以个人名义给希特勒写了一封信："拜读来信，相信不通过战争，你也能如期达成所愿。我已做好准备决定立即亲自前往柏林，与你和捷克斯洛伐克政府代表共商移交事宜。如你愿意，法意代表也愿参加。相信一周之内我们便可达成协议。"与此同时，张伯伦致电墨索里尼，告诉他已向希特勒做出了最后的请求："望阁下告诉德国总理你愿意派代表出席；烦您敦促总理接受我的提议，让人民远离战争。"

这次危机最显著的特点之一是，英国和法国之间似乎没有进行密切的协商。尽管双方意见基本一致，但是私下几乎没有沟通。张伯伦既没有和内阁成员商量，也没有征求法国政府的意见，当张伯伦起草这两封信件时，法国政府也正采取着类似措施，与英国不谋而合。我们已经知道法国新闻界是反对与德国正面交锋的，我们已经领教过，当初巴黎报纸是怎样在法国外交部的授意下，影射那个提到过苏联的英国公报是伪造的。27日晚，法国驻柏林大使奉命提出进一步的建议，扩大即将移交给德国的苏台德地区。希特勒收到墨索里尼的消息时，正同弗朗索瓦·蓬塞先生在一起，信中墨索里尼建议希特勒接受张伯伦举行会议的提议，并说意大利也愿意参加。9月28日下午三点，希特勒致电张伯伦和达拉第，建议第二天同墨索里尼一起举行会谈。当时张伯伦正在下议院报告近来形势的进展。在他的演讲即将结束时，坐在楼上贵族席的哈利法克斯勋爵把希特勒邀请他去慕尼黑的电报交给了首相。当时张伯伦正在叙述他给墨索里尼的信以及采取这一行动的结果：

墨索里尼在回信中告诉我，他已发出通知：虽然意大利准备履行支持德国的诺言，但鉴于英国政府提出的要求，他希望希特勒能设法延迟行动。希特勒原本通知威尔逊爵士在下午二时采取行动，现在墨索里尼希望希特勒能至少延迟二十四小时，以便他有时间再次研究局势，努力寻找到和平解决的方案。希特勒对此做出回应，同意延迟二十四小时。另外，我还有事情要向议院说明。希特勒已邀请我明日上午前

往慕尼黑与他会面，同时还邀请了墨索里尼和达拉第。墨索里尼已然同意，毫无疑问达拉第也会同意，我的答案自然就不必说了。相信议院会同意我立即动身，看看最后我还能努力做些什么。

就这样，张伯伦第三次飞往德国。

*　　　*　　　*

关于这次意义重大的会议已有不少记述，我在此只能强调几项要点。会议并没有邀请苏联参加，捷克斯洛伐克也没有获准出席。28 日晚，捷克斯洛伐克政府只是收到了直截了当的通知，说第二天欧洲四强的代表要举行会议。"四巨头"迅速达成协议。会谈自正午开始到次日凌晨两点结束，有关会议要点的文件草拟了出来，并于 9 月 30 日凌晨两点签字。会议在主要方面接受了戈德斯贝格的最后通牒。从 10 月 1 日起，苏台德区分五批撤退，十天内完成。最终边界将由国际委员会决定。该文件交给奉命专程前来慕尼黑听候发落的捷克斯洛伐克代表。

当四位政治家等候专家拟定最后文件时，张伯伦首相询问希特勒是否介意同他进行一次私人谈话。希特勒"欣然同意"。9 月 30 日上午，两位领导人在希特勒的慕尼黑寓所中会晤，除了翻译没有别人参加。张伯伦拿出自己预备好的声明，内容如下：

> 今天德国元首兼总理同英国首相继续会晤，双方一致认为，英德关系问题是两国及整个欧洲最为重要的问题。
>
> 双方认为，昨晚签订的协议连同《英德海军协定》，都象征着两国今后永不交战的心愿。
>
> 双方决定，两国之间任何问题都应通过协商解决，双方要继续努力消除可能引起的分歧和隔阂，共同为确保欧洲和

平做出贡献。

希特勒读完声明后，就毫不犹豫地签了字。

张伯伦回到英格兰，飞机在赫斯顿着陆时，他挥舞着有希特勒签字的联合声明，向前来欢迎的显要人物宣读。当汽车从机场穿过高呼的人群，张伯伦对身旁的哈利法克斯说："三个月后一切都将结束。"在经过唐宁街官邸的窗户前时，他再次挥舞着手中的声明说："在我国历史上这是第二次把光荣的和平从德国带回到唐宁街来，我相信这将是属于我们时代的和平。"

*　　*　　*

我们这里还有一份凯特尔元帅在纽伦堡受审时针对捷克斯洛伐克代表提问的答复：

> 艾格上校代表捷克斯洛伐克向凯特尔元帅问道：
> "如果西方列强肯在 1938 年帮助布拉格，第三帝国还会进攻捷克斯洛伐克吗？"
> 凯特尔元帅答道：
> "当然不会，当时我们没有强大的武装力量。慕尼黑（指在慕尼黑达成的协议）的目的就是把苏联赶出欧洲，争取时间完善德国的武装。"[1]

希特勒的判断再次得到了有力的证明。德国总参谋部倍感汗颜，毕竟还是德国元首对了，凭借他的才能与直觉，从军事、政治方面准确全面地衡量了当时的情况。如同在莱茵兰一样，元首的领导才能再次战胜了德国军事将领们的阻挠。但这些将领都是爱国之士，他们渴

---

[1]　引自雷诺：《法国拯救了欧洲》，第一卷，第 561 页注释。

望看到祖国在世界上重新崛起，夜以继日的辛勤努力，希望壮大德国力量。当发现自己落后于形势时，他们又痛心疾首。在许多情况下，将领们仰视元首高瞻远瞩的指挥天才，赞美元首神奇的幸运，其程度远远超过了对他的不满和怀疑。显然元首成了他们应该跟随的明星，应该服从的领袖。希特勒因此成了无可争辩的德国的主人。阴谋叛逆之人也已藏匿行迹，军中同僚也没有揭发他们。

* * *

这里不妨提出一些道德和行为上的准则，也许可以成为未来行动的指南。首先要评判这类事情，绝不能离开当时的环境。那时候人们对某些事实还不清楚，因而对事情的估计基本上只能靠猜测，并有可能受到试图作出判断的那些人的情绪影响。遇到困难从事实出发寻求彻底解决方案的人，和一遇到外来挑衅就立即准备应战的人，并非都是对的；忍气吞声、耐心诚恳地妥协求和的人，也不一定都是错的，恰恰相反，在大多数场合下，他们可能还是对的，不论从道德上还是从实际效果上看，都是如此。忍耐和善意的坚持曾避免了多少次战争啊！宗教和道德同样都主张谦让和卑逊。这不仅限于人与人之间的关系，也包括国与国之间的关系。多少次战争都是煽动起来的！多少次引发战争的误会本来拖延一下也是可以消除的！很多国家曾经在战场上彼此刀枪相向，而在几年和平后，不仅成了朋友，还结成了同盟！

"登山宝训"是基督教义的定论，我们每一个人都尊敬教友派。然而大臣们履行国家职责时，并不是以这种教义为根据。依照教义，他们的职责首先是在与其他国家的交往中避免冲突和战争，避免各种形式的侵略行为，无论其目的是出于民族主义，还是意识形态。但是，为了国家的安全，为了本国同胞的生命和自由（大臣们的职位是人民给的），在不得不采取最后手段的时候，或者在一番深思熟虑后，有了肯定而明确的判断，认为只能使用武力，那么也不能排除使用武力的必要性，也就是说，如果有证据证明确有使用武力的充分理由，可以

使用武力，而且应当在最有利的条件下使用武力。如果把战争推延了一年，当战争来临时自己反而陷入了更为不利的处境，更难取胜，那么推延则毫无益处。人类在历史进程中频频陷入这样的两难困境，最后的评判只有依靠历史，根据当时双方所知道的情况和之后被证明的事实，才能对是否应该参加战争做出最后的评判。

然而，有一个有助于做出评判的准则，即一个国家要遵守诺言并履行与盟国的条约义务，这个准则叫作道义。令人困惑的是这个道义往往同基督教的教义不完全一致，常受到自尊心的制约，而自尊心对激发道义又产生了巨大的影响力。过度夸大的道义会导致空虚迂腐、有悖常理的行为，纵使冠冕堂皇也不足为道。而现在，这一刻终于来到了，道义的准则指出了责任之所在，如果此刻能对事实做出正确判断，势必会增强道义的力量。

法国政府背弃忠诚的盟友捷克斯洛伐克，任其受命运的摆布，导致了许多可怕的恶果，这实在是个令人悲伤的错误。明智而公正的政策、侠义精神、道义感以及对受威胁小国的同情，这些都能形成一股强大的、不可抗拒的力量。如果有条约义务的约束，英国一定会努力战斗的；然而现在英国政府不仅默许并且鼓励法国政府走上这条致命的道路，即背弃捷克斯洛伐克这个忠诚的盟友，而且自己也深深地陷入了其中，历史也只能这样如实记载。

第八章

EIGHT

慕尼黑的寒冬

波兰和匈牙利趁火打劫——英国内阁左右为难：重整军备还是维护和平——捷克斯洛伐克被分裂——张伯伦拉拢意大利和访问巴黎——慕尼黑事件的后果——英国空军的情况有所改善

9 月 30 日，捷克斯洛伐克向《慕尼黑协定》屈服了。捷克斯洛伐克政府说，他们没有参与《慕尼黑协定》的表决，希望能在全世界面前抗议《慕尼黑协定》。贝奈斯总统辞职了，因为"他可能已成为新国家发展的一个障碍"。贝奈斯离开了捷克斯洛伐克，寄居英国。捷克斯洛伐克就这样根据协定解体了，但是抢吃捷克斯洛伐克这块肉的兀鹰还不仅限于德国。9 月 30 日《慕尼黑协定》签订后，波兰政府立即向捷克斯洛伐克发出了以二十四小时为限的最后通牒，要求捷克斯洛伐克把特申边区割让给波兰。捷克斯洛伐克此时已无力反抗这个苛刻的要求了。

波兰民族虽具有英雄的品质，却不能掩盖他们的愚昧和忘恩负义，这种错误曾使他们百年来遭受了无尽的痛苦。1919 年我们见证了一个民族在经历长期的分裂和奴役后，得益于西方协约国的胜利，再次成为一个独立自主的共和国，成为欧洲的强国之一。而如今，1938 年，为了无关紧要的特申问题，波兰竟背弃了英法美这些曾经帮助过它的朋友，他们忘了正是这些朋友帮助波兰得以重返家园再获民族团结的生活，而且很快波兰就又将求助于这些国家了。我们看到当德国还在虎视眈眈地盯着波兰时，波兰便迫不及待地加入了掠夺捷克斯洛伐克的团伙。一波未平一波又起，波兰将英法两国大使拒之门外，甚至英法两国大使请求见波兰外长一面都是不可能的。这个民族，就其个体

而言，具有种种英雄的品质，天赋很高，英勇豪迈，令人神往，但在政府生活的各个方面，却再三表现出积习难改，这真是欧洲历史上一件令人费解的事情，也是一个悲剧。他们以动荡毁灭为荣，以胜利成功为耻，于是出现了两个波兰，一个努力宣示真理，而另一个则对邪恶卑躬屈膝。然而在他们身上我们仍会发现那种永不磨灭的血性，反抗暴政、坚贞无敌、刚毅不屈和承受痛苦的精神。

＊　　＊　　＊

匈牙利也参与了慕尼黑对话。1938 年 8 月底，霍尔蒂访问德国，但希特勒对他保持极其谨慎的态度。8 月 23 日下午，希特勒同这位匈牙利摄政王进行了一番长谈，但并未透露他打算进攻捷克斯洛伐克的时间。"希特勒自己也不确定时间。凡是要一起吃饭的人，就得一起下厨帮忙。"但是吃饭的时间没有宣布。无论如何，现在匈牙利已经向希特勒提出要求了。

后来的那些日子里，我们在经过了令人身心交瘁的许多岁月后，确实难以再向下一代人描述英国国内当时由于《慕尼黑协定》所积压的愤怒。我从未见过保守党中、亲密无间的家庭和朋友之间有如此大的意见分歧。通过政党、社会和家庭的关系而联系紧密、彼此友好的男男女女，现在见面却面带轻蔑、怒目而视。张伯伦从机场入城时，夹道欢呼的人群堵塞了唐宁街及其通道，但这个问题绝不是这些热烈欢呼的群众所能解决的，甚至执政党议会领袖或党员的拼搏努力也无济于事。我们当时属于少数派，但对于政府的支持者对我们的冷嘲热讽，一概不予理睬。内阁从根本上动摇了，但事情既已发生，他们也只好抱作一团，保持团结。只有一位阁员站了出来，他就是海军大臣库珀先生。库珀先生曾做出动员舰队备战的决定，使海军部的地位大大提高，此刻他已辞去了海军大臣的职位，当时张伯伦极受公众的支持，库珀先生却一举冲出欢呼的人群，公开宣布他完全不赞同首相的做法。

慕尼黑一事历经一天的讨论。讨论之初，库珀先生便做了辞职演讲，这在我们的议会生涯中实属罕见。在四十分钟的脱稿辞职演讲中，库珀先生从容淡定，党内与他相对立的多数派如中了魔咒般都在聚精会神地倾听着。工党与自由党向来强烈反对政府，但此时也不吝惜自己的掌声。但在托利党（保守党）内，这是一次可以引起分裂的争论。在这里有必要记录他提到的中肯之处：

> 我恳求各位同僚不要总是从捷克斯洛伐克的角度看待问题，也不要总是从这个小国不利的战略地位看待问题，倒不如对自己说："捷克斯洛伐克遭受入侵，随之一场欧洲大战也即将打响。战争到来之时，我们必须参与其中，无法置身事外。而我们应当站在哪一方进行战斗却是毫无疑问的。"我们要让全世界都知道这一点，这样才能让那些试图扰乱和平的人有理由收手。
>
> 接着，张伯伦先生在星期三上午提出了最后呼吁。在为期四周的谈判中，希特勒先生总算是准备让步了，退让了一寸，也许退让了一尺，无论如何总算对英国的提议准备做出若干让步。但我要提醒下议院注意，希特勒那天早上收到的第一个消息，并不是首相的信函。早在天亮时，他已获悉英国舰队动员备战的消息。人的动机是无法为外人所知的；两个消息之中，究竟哪一个对希特勒影响更大，使他同意慕尼黑之行，我们也许永远无法知道。但我们知道，他过去是从来不让步的，而现在却让步了。多日以来我一直在催促实施舰队动员，我认为这种用行动说话，比起小心谨慎的外交辞令或附有条款的公文，更容易为希特勒所了解。8月底前，即在首相前往贝希特斯加登前，我曾竭力敦促实施动员，认为这一步应该与威尔逊爵士奉命赴德同时进行。我记得首相说，按照我的建议做肯定会破坏威尔逊爵士的使命，而我则认为，这将使他的使命获得成功。

这些日子里，我和首相之间的巨大分歧就在这里。首相认为和希特勒打交道，应该动之以情、晓之以理，而我则认为靠拳头说话更能打动他。

首相对希特勒所表达的善意和所说的话深信不疑。希特勒虽然撕毁了《凡尔赛和约》，但保证要遵守《洛迦诺公约》；而在他破坏《洛迦诺公约》时，又保证不再进一步插手欧洲事务，或在欧洲不再提出领土要求；当希特勒入侵奥地利时，他授意自己的党羽做出官方保证，不会再干涉捷克斯洛伐克的事。这只不过是仅仅六个月前的事，然而首相依然坚持认为希特勒是讲信用的。

* * *

此次辩论时间之长，足以表明当时与会人员的激动情绪，辩论的主题非同小可。我清楚地记得，当我在发言中说到"我们经历了一次彻头彻尾的失败"时，引起了全场暴风雨般的抗议声，于是我只得稍作停顿再继续发言。张伯伦先生为了维护和平做出了不屈不挠的努力，贡献出了自己的力量，令大家肃然起敬。但在这里，我不得不说说他一连串的错误估计和判断失误，并因此而采取的错误行动。至于他的动机，那是不容置疑的，他所遵从的路线需要有高度的道德勇气，关于这一点，我在他逝世两年后的演讲中给予了高度赞扬。保守党内的领导人之间意见虽有严重分歧，但并不影响他们相互敬重，而且在大多数情况下，大家私下关系最多是暂时不和，不至于破裂。我们的共识是，工党和自由党这两个反对党，曾经从不放过任何机会反对和抨击政府所采取的国防措施，哪怕是温和折中的国防措施，希望以此来争取民心，而现在却强烈要求采取军事行动。

此外，政府还提出了一个严肃而又实际的问题，虽然这个问题并不能为政府争光，那就是我们对战争毫无准备。对此，我和我的朋友们最能给出肯定的证明。比起德国的空军力量，英国望尘莫及。我们

所有的薄弱环节仍未设防，只有一百门高射炮，用来防守这个世界最大的城市，而且大部分炮手还是有待训练的新手。张伯伦和希特勒妥协的好处在于：如果希特勒诚信可靠，言而有信，不对英国进行侵略攻击，我们就赢得了长久的和平，那么张伯伦是正确的；如果张伯伦不幸受骗，我们至少获得了一个喘息的机会，借此补救我们由于疏漏而导致的恶劣状况，张伯伦这样做能够暂时使英国避免战争，大家都有一种如释重负、欢欣鼓舞的欣慰感，这使政府的支持者对张伯伦表示了衷心的赞同。最后下议院以三百六十六票比一百四十四票通过了政府的决策。但仍有三四十名保守党员不同意张伯伦的政策，作为少数派，他们也只能弃权以示反对。就这样，我们一致采取了正式行动。

我在演说中这样说道：

在这次长时间的辩论中，我们在贝希特斯加登、戈德斯贝格以及在慕尼黑三次会议上花了很长时间，而我认为真的大可不必在这上面再浪费时间了。如果下议院允许我把这比作一个小小变动的话，我就可以简明扼要地解释清楚三次会议的区别。第一次，对方拿着枪威胁你，要你给他一英镑；第二次，你如数奉上一英镑后，他又用枪威胁你，让你再给他两英镑；第三次，那位拿枪的独裁者答应先收一英镑十七先令六便士，然后要你保证将剩余部分随后付清。

众人皆知，要说为和平而斗争，没有人比首相更加坚定更加执着。为求和平，首相如此强烈地、不屈不挠地维护与保障和平的决心真是亘古未有。不过，我还是不太明白，既然英法两国一直都准备要牺牲捷克斯洛伐克，那么，在这个关键时刻，英法怎么会卷入对德战争的巨大危险中呢？关于首相带回来的条件，我相信在夏季随时都可以通过普通的外交途径轻松达成协议。我要说的是，我相信，如果一开始就告诉捷克斯洛伐克，他们无法从西方国家获得援助，让他们依靠自己的力量，捷克斯洛伐克便可争取更有利条件，而不

是像这样折腾一番后，最后落到更糟的境地。

一切都结束了。捷克斯洛伐克惨遭遗弃，伤痕累累，沉默哀伤地消失在黑暗之中。长期以来，它一直和法国站在一起，追随法国的领导和政策，但现在却落得如此可悲的下场。

一想到我们的国家将落入纳粹德国的控制之下，受德国的制约和影响，仰仗他们的善心生存，这简直让人难以接受。为了阻止这一切，我将竭尽所能敦促政府做好各项防务工作。第一，及时组建最强大的空军，抵御任何可能进入本国海岸线范围内的攻击；第二，集合多国力量；第三，在国际联盟盟约范围内，结成联盟并订立军事条约，设法集结力量牵制德国的行动。然而事实证明一切努力都是徒劳的，因为每个建议和安排都被那些似是而非、冠冕堂皇的借口破坏了，最后不得不放弃。

我们忠诚勇敢的人民，他们准备不惜任何代价来尽忠职守，即使在上周局势如此紧张的时刻，他们也毫不退缩。当得知暂时无须再经受战争的残酷考验时，他们流露出了兴高采烈、如释重负的表情，对此我完全能够理解，并不埋怨他们。但他们应该了解事情的真相。他们应该知道我们的国防有很多疏漏与破绽，他们应该知道还未打仗我们就已遭到了一次失败，其后果将对我们以后的路有着深远的影响。他们应该知道，我们正在面临历史上一个险恶的里程碑：欧洲势力失衡。西方民主国家已经听到了这种可怕的语言："你们已在天平上称过了，结果发现分量不足"，但不要以为事情就这样结束了，相反这只不过是敌人和我们算账的开始，只不过是我们品尝的第一口苦酒，如果我们不重振精神、恢复战斗力，如果我们不重新站起来，像过去那样为保卫自由而战，那么接下来敌人还会年复一年地给我们传递苦酒。

＊　　　＊　　　＊

英国真诚地为在慕尼黑取得的英德两国之间的和平而感到由衷的喜悦，对于英国人善良的愿望，希特勒却无动于衷。希特勒应张伯伦的要求签署了友好宣言，但还不到两周时间，10 月 9 日他就在萨尔布吕肯发表了这样的演说：

> 对方的政客们希望和平，但他们统治的国家体制随时都可能使他们丢掉职位，为那些并不热衷和平的人让路，这些人已恭候多时。如果张伯伦不掌权，英国就会落入库珀、艾登或丘吉尔的掌控之下。而这群人我们非常清楚，他们的目的是立即发动世界大战，对此他们毫不避讳。我们还知道有个专以谎言诽谤为生的国际媒体势力。这一切都要求我们要提高警惕，时刻牢记要保卫德国，时刻牢记要维护和平，时刻牢记要保卫自己。

> 因此，我决定，正如我在纽伦堡演说时所宣布的那样，继续投入更多的精力加固西部防御工事，同时要把亚琛区（埃克斯拉夏佩勒）和萨尔布吕肯区这两个目前位于西线的地区也纳入这个防御体系内。

希特勒继续说道：

> 如果英国人能够逐步收敛他们从《凡尔赛和约》时代传承下来的自以为是的态度，这将会是一件好事。我们再也无法容忍他们管家婆式的管教了。英国政客不应过问德国境内德国人的命运，或是德国范围内其他人的命运。就德国而言，我们也不会过问英国的事务。每个国家应该管好自己国内的事，或者，比如说，管管巴勒斯坦的事。

随着《慕尼黑协定》带来的压迫感逐步减弱，张伯伦及其政府发现自己陷入严重的两难境地。首相大人曾说："我相信这将是属于我们时代的和平。"但他的多数同僚则希望利用这个"我们的时代"来尽快地重新武装起来，在这一点上内阁中出现了分歧。慕尼黑危机引发的惊恐，尤其是高射炮所暴露的种种缺陷，都使英国迫切需要重整军备。就德国而言，英国加强军备的这种想法使希特勒大为震惊。他或许会找借口说"难道这就是你们对《慕尼黑协定》的信任与友谊吗？如果我们是朋友，你们也信任我们，那你们还有什么必要重整军备？让我们保持军备，而你们继续保持对我们的信任吧。"这个说法听起来似乎理由充分，但实际上并无可信度。当时英国国内情绪高涨，强烈要求重整军备，自然会受到德国政府及其授意下的报纸谴责。然而，英国上下的民众舆论是毋庸置疑的。一方面，首相的求和政策使他们免受战祸，这使他们深感庆幸，欢呼和平的口号响彻天际；另一方面，他们又痛感军备的急迫需要。国内所有的军事部门都提出要求扩军备战，并提到此次危机所暴露出来的军备短缺的严峻形势。内阁上下一致达成了一个折中的方案，其基本原则是：要竭尽全力做好战争准备，但不要采取大规模行动，既不要妨碍国家贸易，又不要得罪德国和意大利。

*　　*　　*

张伯伦先生在慕尼黑事件后顶住了要求举行大选的诱惑和压力，这无疑是他值得称赞的功绩，因为如果这时举行选举，只会导致更大的混乱。然而，对于那些曾经指责《慕尼黑协定》并拒绝投赞成票的保守党人来说，那年冬季的几个月却令人沮丧和焦虑不堪。我们每个人都在各自的选区受到了保守党的攻击（然而其中许多积极反对我们的人，一年之后都成了我们的狂热支持者）。在我的选区（埃平选区）竟通过了令人尴尬的提议，我必须明确表示，如果本地党部决定弹劾我，我将立即辞去下议院中的席位，参加补缺选举的竞选。幸亏我那位一直以来忠实诚恳的战友——不知疲倦的霍基爵士，还有他周围的一群有志之士的坚定支持，经过艰苦的斗争，终于在党部的一次决定性会议上，使我在这阴暗的时刻获得了三比二的信任票，但这仍是一个令人沮丧的冬季。

11月，我们又进行了一场有关国防的辩论，在此我做了长篇演讲。

达夫·库珀致丘吉尔先生：

上周四我在议院的演说中提及了你，听闻你对此不甚欢喜，对此我深感遗感。只是我不明白你为何如此。我只不过说首相提起1914年的往事，意思是要说明在军事动员后，不管怎样检查总可以发现一些漏洞与不足之处，所以我认为你对他的指责，恐怕他是不能接受的。我本来可以不提你，但想到辩论之时引用他人之言力证自己总归有益，于是便这样做了。星期四那天，我的处境也不好过。你那篇演说对政府三年来的政绩进行了猛烈抨击，尽管我甚为欣赏更是钦佩，但在这三年里，除了最后六个星期外，我始终是政府中的一员，因此你很难期望我会完全同意你的意见，并给你投上赞成票。然而，不管是什么原因让你觉得我冒犯了你，我都无意伤害你，请多多原谅。因为我们之间的交往和友谊以及你的忠告，对我都是十分宝贵的。

1938 年 11 月 19 日

丘吉尔致库珀先生：

欣收来信，非常感谢。我们这群人虽然人数不多，但都是十分亲密的朋友，如果我们之间还要互相指责，实在是大错特错了。我们的唯一原则是：彼此之间应尽可能互相帮助，而不要互相伤害，切莫让渔翁得利。你善于言辞，无须表明你的意见与我有异，就能简明扼要且清楚明了地说明你的立

场。就我而言，我会一直遵守这条原则。尽管对你的发言我无可非议，但你离开正题特意来答复我的问题，不禁让我的朋友怀疑这背后是否还有其他目的，比如是否有意把我从反对政府的其他保守党人中孤立起来，但我自己并没有这样的想法。你的来信让我感到愉快，我完全释然了。志同道合之人如此少，敌人如此多，事业又如此伟大，因此我们在任何情况下都不能互相打压和彼此削弱。

你演说中有些部分确实非常精彩，尤其是对过去三年来我们所遭受的灾难的总结。我真不知道你是如何在没有讲稿的情况下能讲得那么全面，毫无遗漏。

对于此次辩论，我感到非常遗憾。张伯伦如今已卸下所有事务。慕尼黑已成为过去，防务松弛的情况也被抛诸脑后，直到现在加强军备还未得到严肃对待。就连我们用沉痛的代价换来的一次喘息机会也将白白浪费。当你提议共进晚餐时，由于我心中还在为这些国事担忧，态度颇有不敬，因为当时我还不知道你发言的开头一段究竟会说些什么。

但无论如何，信赖你真诚的朋友吧。

1938 年 11 月 22 日

* * *

捷克斯洛伐克已是一片废墟，总统一职空缺。11 月 1 日，一个无足轻重的人，哈查博士当选为捷克总统，新政府在布拉格执政。这个政府茕茕孑立，外交大臣说："欧洲与世界的总体情况不容乐观，想要在不久的将来安享一段平静的时光是不可能的。"希特勒也这样认为。11 月初，德国开始正式分赃。一度被德国当作棋盘上的卒子的斯洛伐克人，虽获得了自治权，但朝不保夕；匈牙利也分得了一块肉。当慕尼黑事件的以上后果提交至下议院时，张伯伦解释说，英法两国在《慕尼黑协定》后向捷克斯洛伐克提出的国际保证，只是在假定这个国家受到无故侵略这个前提下说的，并不涉及该国现有的疆界。"我们现在正在做的，"他以超然的态度说，"是为《凡尔赛和约》规定的边界重行调整做见证。我不知道当时划定这些边界的人是否认为，边界一经划定就永远不能变，我不大相信他们会这样想。他们或许也想过边界偶尔变动在所难免。任何人都不可能像超人一样，可以预见到亘古不变的边界划定。问题并不在于是否时常应该对边界进行调整，而在于调整的方式，是通过协商还是战争。边界的重新调整正在进行中，关于匈牙利边界，捷克斯洛伐克与匈牙利都已接受德意两国仲裁的最终决定。我想关于捷克斯洛伐克的问题，我要说的就是这些了……"然而，将来肯定还有待评说。

*   *   *

1938 年 11 月 17 日，我写道：

      每个人都必须认识到，首相实行的每一项政策都果断明确，至关重要。首相很清楚自己要做什么，未来会发生什么，他有自己的立场和视角。首相相信与希特勒和墨索里尼达成协议可以很好地解决欧洲和英国的问题。没有人怀疑他的动机，也没有人质疑他的信念与勇气。除此之外，首相有权利去做他认为最有益的事。那些对我们的外交政策、对我们国家必须要应对的事务持有不同政见的人必定已认识到，我们根本没有权利去制止首相运用自己所能运用的手段去走他自己坚信的道路。首相愿意承担责任，他有承担责任的权利。我们在较短时间内会看到他的提议给我们带来了什么影响。

      首相相信希特勒不会继续在欧洲大陆进行领土扩张，吞并和控制捷克斯洛伐克共和国已满足了纳粹德国政府的胃口。他也许希望说服保守党，同意把现在归英国所有的托管地或类似的地方通通归还给德国，认为此举可以为英德两国带来

长期友好稳定的关系。同时，首相认为，英国与法兰西共和国双方依靠以自保为目的的纽带捆绑在一起，这是两国之间的共同基础，必须维系好这条纽带，但我们也可以在不伤害这条重要纽带的情况下实现英德友好关系。张伯伦先生深信，所有的这一切都会达成广泛的协定，安抚不满的国家，并带来长治久安的和平。

　　但是这一切都纯属希望和推测，我们还必须想到一系列与此相反的可能性。希特勒也许要求我们承受无法容忍的事情；或许是被迫不得不让我们承受无法容忍的事。再者，在这次充满麻烦的谈判中，希特勒或许并不准备对首相投桃报李，因此我们必须付出代价，或者说，我们被迫要付出巨大的代价，但或许这还不够，大不列颠帝国还有可能会蒙受巨大的伤害与羞辱。但即便如此，也可能无法阻止或改变欧洲大陆事态的发展。这种情况拖延不了很长时间，到明年这个时候，我们便能知道首相对希特勒和德国纳粹党的看法究竟是对还是错；明年这个时候，我们便可知道张伯伦的安抚政策是否真的收到了安抚的效果，或者是激起了对方更为凶狠的狼子野心。我们在这段时间里所能做的唯一事情就是加强我们的抵抗力量和国防力量，以防万一首相错了或者被误导欺骗，我们还可以在最糟糕的局面下生存下去。

*　　*　　*

　　无论大家怎样看待"属于我们时代的和平"，张伯伦越发认为有必要将意大利和德国分离开来。他自信已与希特勒成了朋友，为了完成他的计划，张伯伦认为还必须要争取墨索里尼领导下的意大利，把它作为一个代价高昂的平衡砝码，以此来制衡德国。在同意大利独裁者重温旧好的过程中，张伯伦认为必须拉着法国一起干，创造一个普天同爱的美景。关于这个建议的结果，我们将在下一章研究。

11 月下旬，首相同哈利法克斯勋爵一同访问巴黎。对张伯伦提议访问罗马一事，法国大臣虽然赞同，但兴致却并不高。不过首相和哈利法克斯很高兴，因为他们了解到法国当时正计划效仿英国发表一个声明，就像是张伯伦与希特勒在慕尼黑签订的未来英德关系声明一样。1938 年 11 月 27 日，博内先生向法国驻华盛顿大使发布了一则消息，透露了法国政府的打算："昨日在巴黎举行的协商会议中，内维尔·张伯伦先生与哈利法克斯勋爵对声明内容明确表示满意，他们认为此项声明与英德声明性质类似，对安抚国际社会具有直接贡献。"为了此次商讨，里宾特洛甫还带着沙赫特博士到了巴黎。就德国而言，希特勒不仅希望有一项友好的联合声明，而且希望通过一项具体的经济协议。前者他们得到了，联合声明于 12 月 6 日在巴黎签署，而后者，甚至博内先生也不愿接受，虽然充当法德谅解的缔造者对博内先生来说有着很大的诱惑力。

里宾特洛甫身负使命访问巴黎，其中还有更深一层动机。正如张伯伦希望离间罗马和柏林一样，希特勒认为他可以把巴黎与伦敦离间开来。博内先生记录的他同里宾特洛甫的谈话很有意思：

> 关于大不列颠，我向里宾特洛甫先生表示过，缓和欧洲局势是法德两国事业的重要目标，英德关系的改善必定对欧洲局势的进一步缓和有很大帮助。德国外交部部长竭力把目前局势的责任推卸到英国政府身上，慕尼黑事件后，英国政府尤其是英国报纸曾一度对此表示过某种理解，但其后却对柏林政府采取了令人失望至极的态度……库珀、丘吉尔、艾登、莫里森在议会发表的各种政见和某些报纸评论使德国人十分恼怒，无人能够阻止德国报纸对此做出强烈反应。我想再一次强调英法团结所具有的重要性和不可动摇性，并想明确指出，长远看来如果不能同时改善英德关系，德法关系的真正改善是不可思议的。

在《慕尼黑协定》签订后的一年里，究竟是希特勒还是同盟国的实力得到了增长，这个问题一直以来被多次争论。在英国，许多知道我们防务空虚的人，看到我们每月扩充空军，"旋风"式和"喷火"式战斗机也马上要大批出厂，因而有如释重负之感。空军中队在不断扩编，高射炮数量稳步增加，转入战时工业的整体进度也在持续加快，这一切进展看似难能可贵，然而若与德国军备的巨大增长相比，就显得微不足道了。正如前面所说，全国范围的军需品生产计划需要四年完成：第一年无任何产出，第二年少量产出，第三年成批生产，第四年源源不绝。但目前德国的战备工作，几乎与战时情形一样，穷追猛赶地紧张进行着，早已达到第三年或第四年的阶段了。而英国则只是在非紧急状态的基础上有所推进，规模也小得多。1938—1939 年，英国全部军事开支的总数是三亿零四百万英镑，而德国的军事开支至少有十五亿英镑。在战争爆发前的这一年里，德国军火的总产量可能超过英法两国之和至少一倍，甚至可能超过两倍，另外德国的一些规模巨大的坦克工厂也已开足马力，全速投入了生产。因此，德国能够源源不断地得到比我们多得多的武器。

由于德国征服了捷克斯洛伐克，协约国因此丧失了捷克斯洛伐克的二十一个正规师和已经动员的十五到十六个后备师，还有他们的山地防御工事。在慕尼黑危机中，德国在这条防线部署了三十个师的兵力，或者说，部署了训练有素的德国机械化部队的主力。根据哈尔德将军与约德尔将军在战后受审时的供词，由于捷克斯洛伐克的陷落，我们无疑等于损失了相当于三十五个师的兵力。此外，捷克斯洛伐克的斯柯达兵工厂，作为中欧第二重要的兵工厂，也拱手让给了德国。这个工厂在 1938 年 8 月到 1939 年 9 月之间的生产量，几乎等于同期英国各兵工厂实际产量的总和。此外，当德国全国上下几乎是在战时状态紧张努力工作的时候，法国的劳工却早在 1936 年就已争取获得了渴望已久的每周四十小时的工作制。

更不幸的是，法德两国之间的军队实力对比已经发生了改变。从 1938 年起，德国陆军不仅在数量、编制和预备队方面每月都有所增

长，而且在军队素质和成熟度上也保持了同步提高，随着装备的不断扩充，官兵的训练和一般官兵在技术上的熟练程度也日益提高。而类似的军力提升与扩充并没有在法国陆军中出现，使德国在各方面都超过了法国。1935年，法国在没有盟友的帮助下不经重大战役就有可能攻入并再次占领德国。到1936年它的军事实力毫无疑问依旧是所向披靡的。现在我们知道，据德国披露，法国的优势一直持续到了1938年。当时德国最高统帅部知道自身实力的薄弱，所以才竭力阻止希特勒的行动，然而希特勒后来在这些行动中都获得了成功，因此名声大震。在慕尼黑事件后的这一年里，德国军队训练的预备队虽然仍比法国弱，但已接近其最高水准。由于军队的基础在于人口，而德国的人口又是法国的两倍，所以无论按照什么标准，德国军队都将胜过法国，只是时间问题而已。就军队士气而言，德国人也占有优势。而就法国而言，离弃盟友，尤其是因为惧怕战争而背弃盟友，这对任何一支军队来说士气都会大为削弱。被迫投降的感觉让所有法国将士精神沮丧。而在德国，信心、成功还有日益强大的力量，激发了这个民族的战斗本能；相比之下，法国自认羸弱，使各级士兵都丧失了斗志。

＊　　　＊　　　＊

但在其中一个重要领域，我们开始赶上德国了，我们的地位也由此得到了提升。到1938年，我们才开始对英国双翼机进行更新换代，比如用"旋风"式和后来的"喷火"式等新型战斗机替换"斗士"式双翼机。1938年9月，我们只有五个空军中队配备了"旋风"式飞机；由于旧式备用机及其零件逐渐派不上用场，只好弃用。而在新型战斗机的装备方面，德国遥遥领先。他们早就拥有大批"Me-109"式战斗机，相比之下，我们的旧式飞机与之对抗只能是甘拜下风。但在1939年一整年中，随着越来越多的空军中队完成换装，我们的境况有所改善。同年7月，我方共有二十六个空军中队配备了新式战斗机，其中每架战斗机携带八挺新式机枪；但由于时间紧迫，我们没有大规模生产备用零件。1940 年 7 月，大不列颠之战打响了，我方已经拥有四十七个装备新型战斗机的空军中队可以参战。

德国空军的扩充，无论在数量上还是质量上，事实上早在战争开始以前大部分就都已经完成了，而我们比他们晚了差不多整整两年。1939—1940 年期间，他们的空军力量只增加了百分之二十，相比之下，我们的新型战斗机的数量增加了百分之八十。1938 年，我们可悲地发现，与德国战斗机相比，我方的战斗机质量相差甚远，虽然到1939 年，我们已经通过一些方法来弥补差距，但在 1940 年与德国一较高下时，我方情况仍然很糟糕。

1938 年，伦敦有可能遭遇空袭，但可悲的是对此我们毫无准备。不过，倘若德国没有占领法国和低地国家，没有夺取可以近距离攻击我沿海地区的必要基地，决定命运的大不列颠空战就不可能发生，因为没有这些基地，德国就无法使用航程较短的战斗机来为轰炸机护航。另外，在 1938 年或 1939 年，德军还不是法军的对手，击败法军是不可能的。

直到 1940 年，德国才开始大规模制造坦克，以便日后攻克法国防线。鉴于在西线法军仍占有优势，东线的波兰又尚未被征服，德国绝不可能集中所有空军力量攻打英国。只有等法国被迫投降，德国才能采取攻打英国的行动。在这里，我们还没有把苏联的态度和捷克斯洛伐克可能进行的抵抗行动算在内。我一直认为应该把这个时期空军实力对比的相关数据提出来，但这些数字丝毫不会改变我得出的结论。

据说英法两国因慕尼黑事件"获得"了一年的喘息时间，但由于以上原因，与希特勒德国相比，英法两国的情况比在慕尼黑危机时更加糟糕了。

＊　　＊　　＊

最后还有一个令人震惊的事实：仅在 1938 年一年间，希特勒就把六百七十五万奥地利人和三百五十万苏台德人，总数在一千万人以上

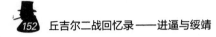

的居民、劳苦大众和士兵并入了德国，置于他的专制统治之下。可以
肯定的是，这个可怕的力量平衡的演变是有利于希特勒的。

附录（1）

关于军需机关的备忘录

1. 目前，国防协调大臣负责着一些互不相关和划分不当的工作。负责战略协调工作的大臣，其工作与担任下列职责的大臣的工作是不同的（这两位大臣的工作并非彼此无关）。这些职责是：（1）确保即将执行的计划顺利实施；（2）制定计划使得英国工业迅速进入战争状态，基于这一点，以及当前的目的，建立了高度有效的控制机制。

2. 所以，首先就是要把战略思想的属性与和平时期和战争时期的物资供应的属性区分开来，并成立一个机构来掌管后者的事宜。和谐的安排是设立四个独立的部门——海军部、陆军部、空军部和军需部，四个部门之上由国防协调大臣对优先权做出最后决定。

3. 无论是多么专业，还是分工多么精细的委员会，都无须再增设，再多的委员会也无益。如果没有发号施令的机构，任务就无法完成。必须要有一个负责的有权力的指挥系统，其权力必须贯彻到英国的全部工业（不要认为这意味着国家对工业的实际活动实行干预）。目前，海、陆、空三军当局分别掌握着自己的供应。而计划中的第四个权力机构完全是咨询性质的。只有在战争时期，才有必要放弃现行供应办法。所需要的是把海、陆、空三军的军需部合为一个部门，有权处理战时工业的扩充事宜（海军部对军舰的建造和某些特殊的海军储备，可以保留其支配权）。

4. 这种统一不仅应当包括供应任务，还要包括设计任务。海、陆、空三军用一般的技术用语提出自己所需军需品的类型、质量、数量，而后军需部需尽量向其提供。换句话说，军需部就是把得到批准的军需品在三军需要时交给他们。

5. 如果要在眼下这种和平时期实施这件事情，或者执行已审核的计划，是不可能的。目前，我们没有必要也没有可能实行战时权力和应用战时方法。应当宣布一个过渡时期，且称其为紧急备战时期。

6. 此项法律的草案应当由两部分组成——一部分用于紧急准备阶段，另一部分则适用于战时阶段。眼下就应当实施第一部分。应当仔细研究考虑第二部分，以确定原则，拟定草案，这样一来，一旦战争爆发，只要向议会提出，便可实施。并且由于提前制定了周全的计划，我们必须迅速并且较为平和地从紧急阶段过渡到战时阶段。

7. 为确保这个新计划能够实施，需要设立军需部。军需部需要设立军需委员会。委员会中的每一位委员都应当负起责任研究自己所主管的四五个生产部门的问题。之后，海、陆、空三军中负责供给、计划以及订立合同的机关要尽快将业务转移到新的军需部。此后，只有这个军需部才能与财政部门就经费问题打交道（所谓"经费"是指在已经批准的计划内需要支付的款项）。

1936 年 6 月 6 日

附录（2）

1936 年 7 月 28 日我在两院保守党议员代表团
拜见首相时的发言

　　和平时期，我们的小小陆军的需要（某种程度上也包括空军和海军的需要），尤其是武器和弹药，统统都是由陆军部供应的。为此，陆军部手下拥有一些由政府设立的工厂和经常性往来的私人承包商。这种方式只能满足和平时期的需求，而其提供的储备只能在战时维持有限的正规军几个星期的需求。然而这便是几个月前的形势。大概在三四个月前，陆军部才获得批准将订货范围扩大到一般的民用工业去。

　　然而，所有强大的大陆国家都已早早对产业进行科学的、稳固的改组，将其从和平时期的体制转为战时体制。当然，德国在这方面做得最好，政府早在希特勒掌权前就开始着重研究这一议题。尽管合约禁止德国拥有舰队、陆军和空军，但德国在复仇的冲动下早就集中精力将举国的产业机制变得适应战时需要。等别人都解决了之后，我们才开始正视这一问题。事实上，我们在 1932 年和 1933 年完全有能力迎头赶上。三年前，希特勒上台时，我国大概有十几位官员在研究战时工业体制，相反，德国投入了五六百人不间断地研究这一课题。希特勒政府将这一机制运转起来了。在让每一个产业都全速运转起来前，德国不敢贸然违反条约中关于海、陆、空三军的规定。但是一旦运转起来后，只要没有立即受到协约国的攻击，德国就能很快将自己武装起来。

现在的情况怎么样了呢？政府除了提出过一些可能会误导那些无知的人的无关紧要的事外，没有向议会汇报任何信息。例如，上星期有人告诉我：政府曾视察五十二家工厂，并同它们订立制造军火的合同；诺丁汉的旧的枪炮工厂要重新开工；伍尔维奇加油站要搬到西海岸。但政府直到三个月前才开始下单，而从下单到大批量交货之间至少需要十八个月的时间。倘若军火指的是投射物（炮弹和炸弹）以及装有发射火药的弹壳，那么工厂还必须添置一些用于特殊用途的机械工具并需改变工厂现有的格局。此外，还必须制造钻模和规测器以满足实际生产。大多数情况下，这些特殊的机械工具须由不同于承造炮弹的工厂的另一些工厂来制造。在这些特殊的机械工具交货后，还需要花费一段时间来安装才能正式投入生产。到那时（只有到那时）才能一点点、一批批，直到最后大量发货。只有到那时才能开始积累战时所需资源。这一无法避免的漫长过程现在才刚刚开始，规模也相对较小。政府和五十二家工厂订货。其中只有十四家在上星期接受了合同。此刻，毫不夸张地说，德国军火工厂肯定已经增加到四五百家，并已全速生产近两年了。

再来看看大炮的问题，我指的是能发射爆炸性炮弹的大炮。建立一个大炮制造厂的过程必定很长，所需特殊的厂房和机械工具更多，布局也更为精细。我们在过去十年的和平时期的正常大炮产量，除了军舰上所用的大炮外，实在是微不足道。因此，今后的两年内，我们肯定无法生产大量的野战炮和高射炮。德国去年可能至少制造了五千门炮，战时产量可能还会大大增加。因此，我们必然要建立炮厂，以便在必要时建立和武装国家的军队。

我之所以谈到投射物和大炮，是因为它们是国防的核心，但这些理由和条件只要略加修改就可以适用到整个装备问题上。英国工业弹性十足，应该可以在很短的时间内生产出各式各样的装备，例如卡车以及坦克和装甲车一类的武器，还有陆军所需的各种轻型装备。问题是现在投产了吗？为什么有人告诉我们说，要等正规军装备完毕后才能轮到本土防卫队呢？我不知道步枪和步枪弹药的情况。我希望至少能够供一百万人使用。但是从其他途径来满足步枪的需求是一个很漫长的过程。

机关枪的生产更为紧急。关于勃朗宁机关枪和轻机枪的生产计划，我全然不知。但是，如果仅仅在几个月前才下令建立必要的工厂，那么在1938年初以前，除了从国外直接购买以外，我们的产量必然不能令人满意。在德国，类似的工厂已经投产，产量至少能够满足全国范围内所有可以使用机关枪的男子的需求。

同样的道理也适用于爆炸物、发射火药、引信、毒气、防毒面罩、探照灯、迫击炮、手榴弹、空袭炸弹等的生产，海军所需深水炸弹和水雷的生产问题也可以此为参考。我们还要记住，海军所需的许许多多较小的军需品是依赖陆军部的，是依赖全国工业的发展的。任何一方的物资短缺都会使海军蒙受极大的损失。当然，这一切的背后还有原料供应及各种非常复杂的问题。

结论是什么呢？在国防物质装备上，至少从陆军部以往所负责的总供应量以及海军部和陆军部对此的反应来看，我们要在约两年以后才能有满意的改进。但如果按照现有规模，即便在两年之后，我们的武器供应仍然不能满足战时需要，也无法和别国在和平时期的产量相提并论。

显然，如果这些情况和实际大致相符（我相信多半是估计过低），怎么能说情况不紧急呢？怎么能不让我们对国内正常贸易进行干预呢？怎么能说没有必要同工会商议来解决削减劳动力的问题呢？怎么能相信国防协调大臣所说的"按工作需要多训练一些劳动力"呢？怎么能说我们不能惊扰群众，不能让他们感到正常的生活习惯正在受到扰乱呢？

有人抱怨说，国家感受不到国民的需要，工会不起作用，陆军和本土防卫队的征募工作十分懈怠，甚至受到舆论的阻碍。但是，只要政府保证说形势一点也不紧急，那么这种阻碍是不会消失的。

法国政府曾秘密给了我一份对1936年德国空军力量的估计。这同我在1935年12月在帝国国防委员会上预估的数字几乎完全一致。现在空军参谋部认为法国的估计过高，我个人则认为此数字过低。德国现在可以同时出动的飞机恐怕不止一千五百架而是将近两千架。况且，他们没有理由到了两千架就会停止生产。德国空军的生产工厂和布局规模十分巨大，或许他们早就开始计划着要以前所未有的速度生产。即使我们相信法国估计的约一千四百架这个数字，那么此时就训练有素的飞行员和可以连续作战的军用飞机来看，德国的实力也是我们的首都空军的两倍。但若要准确预估两国的空军实力，就必须考虑到两国的补给能力。德国工业的架构必定能使整个产业发挥最大限度的作用，以一个月一千架的速度生产飞机，以后还可逐月增加。但现在的英国能每月生产三百架到三百五十架飞机吗？我们要多久才能达到像德国那样的产量，从而满足战时需要？两年之内是绝对不可能的。如果考虑到战争中极高的损耗率，那么，两国开战以后，不到半年，我们的实力就不及他们的三分之一了。眼下最紧迫的事便是将现有的生产规模扩大三倍，为战时工业扩张做好准备。今年德国投入空军的财力至少也有一亿两千万马克，我们显然没有赶上他们。恰恰相反，我们远远落在他们的后面。这样的情况还要持续多久呢？谁也说不准。

据称，建立一百二十个空军中队和一千五百架一线飞机的本土防卫计划将在 1937 年 4 月 1 日完成。至于这个计划在飞机、人员、组织或补给方面的具体执行情况，议会从未收到任何消息。我们对此毫不知情。我并不是要责备政府不向议会提供详细情况，因为现在这样做太危险了。然而由于完全不知情，我们难免会感到焦虑，这也势必会引起私下的议论。我很怀疑，到明年 7 月，我们是否能有三十个配备新式飞机的空军中队。据我所知，在一年或十五个月之内，新式飞机不可能大量交货。但在此期间，我们手头有老式的陈旧装备。

关于这些新式飞机，还有一个疑问：十五个月后，当这些飞机开始大量出厂时，是否已经配备好一切必要的装置呢，比如说机关枪？如果我们想要两千架最新式的飞机，这就是说，从现在起十八个月之内，我们需要一千五百架飞机和五百架后备飞机，那么关于这些飞机所需的机关枪做何安排？有些新式战斗机的机翼上配备的机关枪有八挺之多。即便以每架飞机配备四挺机关枪来计算，再加上适当的储备，就需要一万挺机关枪。我们不是几个月前才下令开始大规模制造勃朗宁机关枪吗？

现在让我们以投掷重量和射程范围为标准，看看我们已经建立和正在建立的航空部队的轰炸能力。我必须再一次拿德国作为参照。今后的任何时候，德国派遣这样的一队飞机在一次出击中就可以向伦敦至少投下五百吨炸弹。就我们的军事统计看，我们知道，一吨炸弹平均可以造成十人死亡、三十人负伤和价值五万英镑的损失。当然，德国的轰炸机部队不可能全部出击，不间断地轰炸英国，因为还会有别的因素需要考虑。尽管如此，要实际估计两国轰炸机部队的实力，一次飞行中投弹的总重量仍是一个非常合理的标准。现在，我们假定德国全部轰炸机部队每一次飞到伦敦都至少可能投下五百吨炸弹，那么我们该如何应对呢？他们从现在起就可以这样做了。我们能做些什么呢？首先，我们该如何报复柏林呢？目前，我们还没有一队飞机能够携带五百吨炸弹飞往柏林。明年的情况又会是什么样呢？我希望你们能考虑一下，明年这个时候，德国的航空部队很可能可以装载约一千吨炸弹，而我们还不能携带超过六十吨以上的炸弹空袭柏林。

但现在我们先不谈柏林。新的轰炸机的最大缺点在于航程短。我们大部分新式重型轰炸机和中型轰炸机至多能从本国飞到德国海岸，因此航程范围只包括最近的几个德国城市。这样一来，实际上到明年这个时候，我们的轰炸机一次能投掷的炸弹总重量简直微不足道，且攻击地点又仅限于德国的边缘地带。

如果我们的飞机能从法国和比利时的机场起飞，那会好很多，德国一些巨大而重要的工业区就会在我方飞机的攻击范围内。如果法国和比利时的空军可以和我们联合作战，那会比我们单独作战有效得多。

现在让我们看看本土防御问题，包括地面、空中的主动和被动防御。显然，我国的大城市和重要的运输港口可能要面临前所未有的严峻考验。对此，我们做何安排？就拿伦敦和它的七八百万居民来说吧，差不多两年前，我向下议院提过铝热剂燃烧弹的威胁。这种小型炸弹只比橘子稍微大一些，当时的德国已经造出了上百万颗。一架中型飞机就可以投掷五百颗。我们必须要预料到这种情况，在一次小规模空袭中，敌人真有可能投掷上万枚燃烧弹，将我们的建筑物一座一座烧毁。假设有一百处着火，而我们只有九十支灭火队，那会如何？显然，实际战争会比我们预想的要残酷得多。敌人可能会同时投掷重型炸弹，届时，自来水、电灯、煤气、电话等各种系统都会受到严重的破坏。那我们该怎么办呢？世界上还从来没有发生过这样的情况。到时候，政府可能需要组织大量居民撤退，并处理随之而来的公共秩序、卫生、食物供给等问题，可能还需要出动受过训练的全部队伍。

　　如果敌人攻击各补给海港，尤其是泰晤士河、南安普敦、布里斯托尔和默尔西河，又该怎么办呢？要知道这些港口都在敌人的攻击范围内。关于从许许多多的补给途径来运进食物一事，做了什么部署？对于防空中心的防御又做了哪些安排？这里所说的防空中心指的是我们继续抵抗所依赖的中心。人民和他们的苦难是一件事，我们继续战斗下去的策略又是另外一件事。我们有没有做好安排，以便伦敦陷入混乱后将政府迁往别处？毫无疑问，已经有人开始书面谈论这一话题，但是否已经准备好一两个备选地址，配有深埋的电话线和无线电，以便相关指挥中心从这里发出指令呢？

附录（3）

一线飞机的相对产量

一线飞机产量

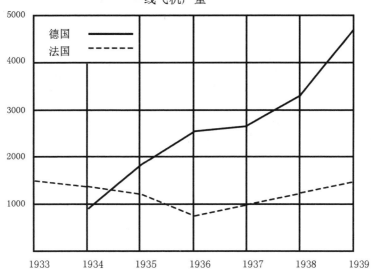

注：德国的数字是根据所缴获的文件得出
法国的则是根据法方的材料得出

附录（4）

海军实力表
（1939 年 9 月 3 日）

英国与德国舰队

类型	英国(包括自治领)			德国		
	已建	建造中		已建	建造中	
		1940 年 12 月 31 日前 完成	1940 年 12 月 31 日后 完成		1940 年 12 月 31 日前 完成	1940 年 12 月 31 日后 完成
战列舰	12	3	4(e)	—	2	2(f)
战列巡洋舰	3	—	—	2	—	—
袖珍战列舰	—	—	—	3	—	—
航空母舰	7	3	3	—	1(f)	1(f)
水上飞机母舰	2					
巡洋舰： 八英寸口径火炮	15	—	—	2	2(g)	1(f)
六英寸及 以下口径火炮	49(a)	13	6	6(h)	—	3(f)
驱逐舰	184(b)	15("D")	17	22	3	13(1)
海岸炮舰	38	4	—	—	—	—
护航驱逐舰	—	20				

续表

类型	英国（包括自治领）			德国		
	已建	建造中		已建	建造中	
		1940 年 12 月 31 日前完成	1940 年 12 月 31 日后完成		1940 年 12 月 31 日前完成	1940 年 12 月 31 日后完成
反潜快艇（包括巡逻艇）	8	3（j）	—	8	—	—
鱼雷艇	—	—	—	30	4	6（l）
扫雷艇	42	—	—	32	10	
潜艇	58	12	12	57（k）	40（m）	—
浅水重炮舰（十五英寸火炮）	2	—				
布雷舰（十五英寸火炮）	7	2	2	—	—	—
内河炮艇	20	—				
拖网渔船	72（c）	20	—	—		
摩托鱼雷艇（包括摩托炮艇等）	27	12	–	17	—	—

注：

（a）包括三艘改装的防空舰。

（b）包括改装的护航舰。

（c）十六艘用于反潜艇，其余用于扫雷。

（"D"）此外，还接收了为巴西建造的六艘驱逐舰。

（e）包括"雄狮"号和"鲁莽"号，但其后又取消建造。

（f）始终没有完成。

（g）其中只有"欧根亲王"号一艘完成。

（h）包括训练巡洋舰"埃姆登"号。

（j）此外订造了五十八艘反潜快艇，但没有动工建造。

（k）当时英国估计为五十九艘，再加上为土耳其建造但没有交货的一艘。

（l）在战时情况下，其中有许多预计可在 1940 年完成。

（m）包括 1939 年 9 月 3 日所知道的正在建造或计划建造的全部潜艇；自战事爆发起至 1940 年底，实际建造完成的共有五十八艘。

美国

（不包括海岸护卫舰艇）

类型	已建	在建和计划建造	预计完成日期
战列舰	15	9	1941 年完成一艘 1942 年完成两艘 1943 年完成四艘 两艘之后完成
航空母舰	5	2	1940 年完成一艘 一艘之后完成
航空母舰供应舰	13	6	1941 年完成两艘 四艘之后完成
巡洋舰： 六英寸口径火炮	18	—	—
八英寸口径火炮	18	7（a）	1939—1940 年完成一艘 1943 年完成六艘
驱逐舰	181（b）	42	1939 年完成十一艘 1940 年完成十六艘 1941 年完成十五艘
驱逐舰供应舰	8	4	1940 年完成两艘 两艘之后完成
潜艇	99（c）	15	1940 年完成四艘 1941—1942 年完成十一艘
炮艇 （包括巡逻艇）	7	—	—
内河炮艇	6	—	—
布雷艇	10	1	1940 年完成
扫雷艇	26	3	1940 年完成
潜艇供应舰	6	2	1941 年完成
猎潜舰	14	16	1940 年完成四艘 十二艘之后完成
摩托鱼雷艇	1	19	1939—1940 年完成

注：
（a）包括四艘配有五英寸口径火炮的巡洋舰。
（b）包括一百二十六艘超龄舰。
（c）包括六十五艘超龄潜艇。

法国

类型	已完成	在建中	计划完成时间
战列舰	8 （包括 1 艘训练舰）	3	1940 年 1 艘 1941 年 1 艘 1943 年 1 艘
战列巡洋舰	2	—	—
航空母舰	1	1	1942 年 1 艘
航空输送舰	1	—	—
巡洋舰	18	3	—
轻巡洋舰 （反鱼雷艇）	32	—	—
驱逐舰 （鱼雷艇）	28	24	1940 年 6 艘
摩托鱼雷艇	3	6	1940 年 6 艘
鱼雷艇	12	—	—
巡洋潜艇	1	—	—
潜艇（一级）	38	3	—
潜艇（二级）	33	10	1940 年 2 艘
布雷潜艇	6	1	—
内河炮艇 （包括两艘过期猎潜艇）	10	—	—
布网布雷艇	1	—	—
布雷艇	3	—	—
扫雷艇	26	7	—
殖民地海岸炮舰	8	—	—
猎潜舰	13	8	1940 年 5 艘

意大利

类型	已完成	建造中	计划完成日期
战列舰	4	4	1940 年 2 艘 1942 年 2 艘
巡洋舰 （八英寸口径火炮）	7	—	—
巡洋舰 （六英寸口径火炮）	12	—	—
旧巡洋舰	3	—	—
巡洋舰 （五点三英寸口径火炮）	—	12	1942—1943 年
驱逐舰	59	8	1941—1942 年
鱼雷艇	69	4	1941—1942 年
潜艇	105	14	1940 年 10 艘 1941—1942 年 4 艘
摩托水雷艇	69	—	—
布雷艇	16	—	—
海岸炮舰	1	—	—
水上飞机供应舰	1	—	—

日本

类型	已完成	1939 年在建	计划完成日期	1941 年 12 月 7 日参战时的实力
战列舰	10	2	1941 年 1 艘 1942 年 1 艘	10
航空母舰	6	10	1940 年 1 艘 1941 年 4 艘 1942 年 5 艘	11
巡洋舰 （八英寸口径火炮 五点五英寸口径火炮 旧式）	18 17 3	3 或 4	1940 年 3 艘 1942 年 1 艘	18 20 3
水上飞机供应舰	2	2	1942 年 2 艘	2
布雷舰	5	2	1939 年 1 艘 1940 年 1 艘	8
驱逐舰	113	20	1939 年 2 艘 1940 年 10 艘 1941 年 8 艘	129
潜艇	53	33	1940 年 3 艘 1941 年 11 艘 1942 年 19 艘	67
护航舰	4	——	——	4
炮艇	10	3	1940 年 2 艘 1941 年 1 艘	13
鱼雷艇	12	——	——	——

附录（5）

1939 年 9 月 12 日的备忘录
——"凯瑟琳"计划

第一部分

1. 要实施特殊的作战计划，就必须建造特别的工具。

海军建设局认为可以把一艘"R"级舰（"皇家"级战列舰之一）的吃水深度提高九英尺，这样它就能驶过一个深度仅有二十六英尺的海峡。目前，敌方还没有设置大炮来控制这个海峡，而海峡两岸的国家都是中立态度。所以，暂时将舰艇的护甲带提至水平面以上，是没有害处的。所提出的提高"R"级舰吃水深度的办法就是在舰身的两旁加上两层浮箱（舰胴），这样船宽就长达一百四十英尺。就装置浮箱而言，并不存在不可克服的困难。内部可在船坞安装，外部在海港安装。通过装满或排空浮箱，就可以轻松地改变船只的吃水深度。而且，一旦驶过浅水海峡，船身还能再次下降，使护甲带平稳地下降到吃水线以下。在船身完全升高的时候，船只航行速度可能在十六海里，在船身降到正常吃水深度时，速度为十三海里或十四海里。这远比我预想的要好。

必须注意的是，这种浮箱为防御鱼雷增加了另一层保护，效果惊人，它们实质上是超级护船外壳。

此外，我们有必要加固甲板上的装甲，以便在空袭发生时给予舰

艇特别的保护。

2. 这种浮箱将被称作"鞋套"，而增厚的铁甲板则叫作"雨伞"。

3. 3 月左右，当相关战区的冰雪融化时，作战时机就来临了。如果我们在 10 月 1 日发出进行必要工作的命令，并同时进行设计工作，那么就有六个月或七个月的时间。如果虚耗夏季的光阴，那真是太遗憾了；所以，我们需要最高优先权，在此基础上，估算出所需的时间和金钱。

4. 原则上，我们应该按照以上方式准备两艘"R"级舰，当然，如果能够有三艘，就更好了。在 1940 年夏季可能出现的敌舰，恐怕就是"沙恩霍斯特"号和"格奈森诺"号。我们可以断定，这两艘军舰，也就是德国仅有的巨舰，其中的任何一艘都不会将自己暴露在装有十五英寸口径大炮、能够将其粉碎的"R"级舰面前。

5. 除了备有这样的"R"级舰以外，还得准备十二艘撞雷船。请你们把设计拿给我看。这些跟随"R"级舰的撞雷船的吃水深度要足以掩护"R"舰，并应由一小队机器舱人员在舰尾操作。它们须有坚固的船首，能经受住任何水雷爆炸造成的冲击。在每一艘"R"级舰的正前方，应有这样的一艘船。也许这种需求会在船队纵列前行时有所减少。我想象不到这些撞雷船的样子，但是必须料想到以后会遇到两三排的水雷，每一艘撞雷船就可以引爆一排。也许普通的商船照此加强装备后，即可充作撞雷船之用。

6. 除以上要求外，整个远征舰队必须备有足够三个月使用的汽油。因此，必须备有凸形甲板保护的运油船，能够保持至少十二海里的航行速度。我们可以假定航行速度为十二海里，如果真的有可能保持这个速度，那就更好了。

第二部分

1. 本计划的目的在于控制这个特殊的战场（波罗的海），要确保这种控制权，就要派遣一支敌方重型军舰不敢进犯的舰队驻守该处。轻型舰队应该在这个战斗舰队的周围进行护航。有人提议，可以用三艘一万吨的装有八英寸口径大炮的巡洋舰，两艘装有六英寸口径大炮的巡洋舰，组成巡洋舰队，再加上两小队最强大的战斗驱逐舰、一个潜艇分队和数量可观的补给舰进行护航；此外，如若可能，还需有若干军需船和一队修理船。

2. "凯瑟琳"舰队应从批准日期开始，根据形势需要，在夜间或白天渡过航线，如有必要，使用烟幕。各驱逐舰应在舰队前方航行，撞雷船应在"R"级舰前方，巡洋舰和轻型舰艇则紧随其后。可以采用一切现有的扫雷器和其他防御器械。所以，水雷的危险应该可以克服，而且又没有大炮封锁海峡。至于空中的猛烈攻击，应由舰队的联合炮火进行应对。

注意：同时还可以派遣一艘航空母舰，并不断派出飞机到航空母舰上换班。

第三部分

没有必要在此赘述掌控这个战场的战略利益。这是一次皇家海军可以发动最强大攻势的机会。将德国和斯堪的纳维亚半岛隔开，就能切断对德国的铁矿、食物供应和其他贸易往来。这支舰队抵达战场，并建立制海权，有可能会对斯堪的纳维亚半岛诸国的行动起到决定性作用。也许就能使这些国家倒向我方；这样，我们也许就能寻找到一个由陆地供应的便利基地。问题在于，在我们到达那里之前，他们不敢有所行动。但是，三个月用量的汽油供给要划定最低需求量，这样一来，即使在最糟糕的情况下，我们的舰队也不至于有去无返。这个舰队现身战场之后会牵制住所有敌方力量。除非铤而走险，否则德国绝对不敢派遣船只走贸易航线。德国不得不将整个北部海岸武装起来，以抵抗舰队的炮轰，要是我们同斯堪的纳维亚半岛上的诸国结盟，他们还可能要抵抗我们登陆进攻。这种行动对苏联造成的影响将十分深远，但是我们不能依赖这一点。

严格保守机密是必要的，因为我们必须完全做到让敌人猝不及防。基于此目的，这个计划应该自始至终都叫作"凯瑟琳"。可将浮箱称

为"额外的护船壳"。至于凸形甲板的增厚，则是正常的防空准备。

　　我提出这些想法，你们可以加以研究，希望能够帮助你们解决种种困难。

丘吉尔

附录（6）

舰船的新建和改建

第一海务大臣和其他人：

　　1. 拥有一些可供作战的军舰，拿到那些由议会订购的定期交货的舰艇，远比把精力浪费在遥遥无期的、对解除我们的危险没有任何帮助的造船工作重要得多。

　　2. 我们必须付出最大的努力以确保"英王乔治五世"号和"威尔士亲王"号两艘军舰能按照合同日期如约交付。和平时期，承办厂商随性接受订单和执行合同的习惯，在战时是决不能容忍其继续存在的。请提出若干可以执行的惩罚建议，如有必要可将案件呈交给皇家司法官。同时，也请把限制因素告诉我。一直以来，我都以为问题在于炮架。如果这些舰艇不能按照合同约定的日期交付，从任何一个方面来看，这都会是一个巨大的损失。下星期五，我将亲自前往视察每一艘舰艇的建造情况，并希望你们能和我一同在海军部私下接见舰艇承造厂商。请将此次会晤安排在下午五点及以后。就算舰艇承造厂商说他办不到，那也没用。我曾看到过，只要施加足够的压力，充分利用资源，他们就能办到。简而言之，他们必须在1940年7月交付"英王乔治五世"号，三个月后，再交付"威尔士亲王"号。这些我们用来在战场上制胜的舰艇，必须在1940年开始服役。

　　请你们拼尽全力做好这件事，帮助我消除各种障碍。

　　3. 以上内容也同样适用于航空母舰。"光辉"号要推迟五个月交

货，我们都知道这意味着什么。"胜利"号甚至要推迟九个月。从1937 年的建造计划来看，"可畏"号推迟了六个月交货，而"无畏"号则迟了五个月。所有这些舰艇都是战场上所需要的，不仅仅是战争结束后出海用的——或许到了那时，舰上挂的就是德国国旗了！现在我请求你们敦促此事进行。要是我们 1940 年被打败，那么之后建造的航空母舰也救不了我们了。

4. 还有巡洋舰。看吧，比如"迪多"号原定在 1939 年 6 月交付，而现在却说要等到 1940 年 8 月。这个失策又该做何解释呢？

5. 此时此刻，我们应当仔细地区分办工业或做生意和赢得战争胜利之间孰轻孰重。现在正忙于建造那些不能在 1940 年内完工的舰艇的熟练劳工，只要是需要或是可行的，都应调遣去制造那些可以在 1940 年完工的舰艇。我们必须按需要来做出特别的安排，把正在建造会延迟交付的舰艇的工人，调去制造战争需要的舰艇。1941 年才能完工的舰艇可以先丢在一边，而预计在 1942 年完工的舰艇则不做考虑。我们必须给予可在 1940 年完成的舰艇以优先权。

6. 同样的原则，更加适用于驱逐舰和轻型舰艇。不过这些舰艇的生产工作，似乎进行得十分顺利，我还没来得及有时间去详细查看这些舰艇的交付日期。但是我们最急切需要的，是在 1940 年末之前有两艘新战列舰、四艘航空母舰及十二艘巡洋舰可以投入使用，参加战斗。

1939 年 10 月 21 日

海军大臣致第一海务大臣：

这封信只写给你一人，因为我们携手合作就能做到必须做到的事情。

我们必须得有一定数量不惧怕可能发生的空袭的主力舰。我们已经可以通过舰胴和潜艇探测器来保护这些主力舰以防止潜艇袭击。建造的时候还要让他们能够抵御空中袭击。的确，一枚重磅空投鱼雷击中一艘军舰的概率只有百分之一，但是被击中在所难免，而两者的价值又相差悬殊。这就好比是一个英雄被一个疟蚊叮着了。我们必须恢复旧时的观念，即一艘战舰在战场上要能经受得住一切袭击。

言归正传。我需要四五艘装甲极厚的军舰，我们可以任意派遣，高枕无忧。此外，还需要若干其他舰艇可以前往外海执行任务。但是，如果我们没有一支能够抵御空中轰炸的重型舰队，这一切是无法进行的。

我今天早晨就"伊丽莎白女王"号的事写了封信给你。但是我们至少得把另外五艘军舰改装到能够抵御空中袭击，换句话说，即使是从一万英尺高空投下重达一千磅的穿甲炸弹也不怕。这个结构上的改造工作实际上可能并不如看上去那么庞大。必须拆除一两座炮塔，减轻至少两千吨的重量，而减轻了这两千吨以后，就可以铺设六七英寸厚的钢板，在保证舰身稳定的情况下，尽可能铺得厚些。炮塔拆除以后空出的地方，一律装上高射炮。这也就意味着原先的八门大炮数量将有所减少。但是四门十五英寸口径的大炮已经足以击沉"沙恩霍斯特"号或"格奈森诺"号。在新的德国战列舰抵达战场以前，"英王乔治五世"号和"威尔士亲王"号必须已经交付使用。所以，我们必须集中力量先建成五六艘不怕空袭的舰艇，这样我们就能在狭窄水域活动。高级舰艇就能专用于外海活动。总之，拆除炮塔，用钢铁加固甲板。这是1940年的战争主题。

手头还有许多其他事务要办，怎么样才能把这些舰艇弄进船坞里改装呢？我们先抛开舰艇的外观问题，把舰上的炮塔都拆掉吧！至于军舰的改装，一艘在普利茅斯进行，一艘在朴次茅斯，两艘在克莱德，还有一艘在泰恩进行。如果炮术专家潜心计算，这些改装后配有四门大炮的军舰，可以发挥出巨大的威力。但是，最要紧的是，必须大量地增加高射炮的数量，这就是1940年的战争主题，我们现在还来得及。

所有这些都坚定了我们对装甲运输舰和装甲油船的需要，这一点毫无疑问。所有这些都说明我们不必过多地考虑海战，更应该关注的是如何在猛烈空袭之下保持制海权的问题。

所有这些都应当在星期一提出，此外还要提供充分的信息好让我

们在星期四之前做出长远的决定。那天，我们就把军需署长、海军建设局长和海军军械局长等人一并请来，将战线从船舷移到船顶上。

依我之见，战争似乎会拖过冬季，各处有一些象征性的战斗，但是只要到了春天，激烈而又紧张的战斗定会打响。

请你记住，我们共同做出的决定无人能驳倒。

丘吉尔

1939 年 10 月 8 日

附录（7）

新造军舰计划，1939—1940 年
（不包括轻型海防舰艇）

类型	战争爆发之前批准建造	1939 年战时计划建造	1940 年战时计划建造	修正（战时）预估日期		实际完成	
				（a）截至 1940 年底	（b）除（a）外截至 1941 年底	（a）截至 1940 年底	（b）除（a）外截至 1941 年底
战列舰	9（a）	—	1（e）	2	2	1	2
航空母舰	6	—		3	2	2	2
巡洋舰 八英寸口径火炮	—	—	—	—	—	—	—
六英寸口径及六英寸以下口径火炮	23（b）	6	—	13	7	7	6
舰队驱逐舰	32	16	32	12	28	11 + 6（g）	14
护航驱逐舰	20	36	30	26	34	25	25
海岸炮艇	4	2	20	4	2	2	4
猎潜艇（包括护航舰）	61（c）	60	52（f）	88	48	51	70
潜艇	12	19	49	22	23	19	19

续表

类型	战争爆发之前批准建造	1939年战时计划建造	1940年战时计划建造	修正（战时）预估日期		实际完成	
				(a)截至1940年底	(b)除(a)外截至1941年底	(a)截至1940年底	(b)除(a)外截至1941年底
布雷艇	4	—	—	2	2	—	4
扫雷艇	20（"D"）	22	22	10	31	5	20
拖网渔船（用于反潜艇）	20	32	100	42	50	30	53

（a）包括后来取消的"雄狮"号、"鲁莽"号、"征服者"号及"雷神"号在内。

（b）包括原在1939年计划中，而到1939年9月3日尚未动工的四艘在内，其中两艘后来取消了。

（c）包括已订货但在1939年9月3日尚未动工的五十八艘。

（"D"）已订货但在1939年9月3日尚未动工。

（e）"先锋"号。

（f）二十七艘后称大型快速巡洋舰。

（g）为巴西建造后接收过来的六艘驱逐舰。

附录（8）

舰队基地

海军大臣致海军副参谋长及其他人员：

1939 年 10 月 31 日，海军大臣、第一海务大臣和海军总司令曾在"纳尔逊"号上举行会议，决定在舰队各基地做出以下部署：

1. 在春天到来之前，斯卡帕湾除了作为舰队临时补充燃料的基地之外，不得他用。但是，要尽可能快地进行以下几项工作：

（1）在尚未设防的航道上放置阻截船。

（2）将防潜网设为两层，放置在必要的区域。这些防潜网，至少在数量和使用范围上会和第一次世界大战时保持一致，而且质量更为优良。要重新研究峡道的日常启闭问题，缩短每次的开放时间，从而保证安全。

（3）拖网渔船和装有漂网的扫海船队，应当保持和第一次世界大战时同样的规模，调遣至斯卡帕湾，部署则应由计划局周密考虑后决定。但是，所有的拖网渔船和带有漂网的扫海船，在斯卡帕湾恢复为主要基地之前，即 1940 年 2 月底以前，将供福斯湾使用。

（4）建造简易营房的工作应当继续进行，不能耽搁。

（5）炮座应由混凝土制成，供防卫斯卡帕湾的八十门大炮使用。这些工作应该在整个冬季内进行，但是大炮只能等到春天一切准备就绪之后，才能运到炮座处架设。

（6）威克的飞机场要扩建到足以容纳四个中队的飞机。

（7）雷达工作还要继续进行，但是如果遇到了更为紧急的事情，则要分清主次。

在这期间，斯卡帕湾可用作驱逐舰加油基地。还应照预定计划，进行油库伪装和建筑假油库等工作。不得减少斯卡帕湾的工作人员。除了已有的十二万吨油外，该处存油，无须增加。可以派遣现在正在建造地下仓库的人力前去从事其他更为迫切的任务，甚至担任最近部内所决定的事情。

2. 尤湾 A 港要保留已有工作人员，保持现状。即便斯卡帕湾的水道铁丝网尚未完成以前，也要有一种永久性的水栅和水道铁丝网。立即完成淡水管道铺设工作，此外还要采取其他各种手段，将港湾改造成一个便于舰队时常前来休息的隐蔽场所。

3. 罗赛斯港应当成为舰队作战的主要基地，我们要尽己所能使得该港发挥出最大效力。关于水道中铁丝网的改良工作要优先进行。还要装备防空气球，可以在敌机低飞攻击大桥下的碇泊处时，提供有效的掩护。最近调到克莱德湾的二十四门三点七英寸口径高射炮和四门双筒自动高射炮，应当在舰队驶离克莱德湾以后的四天之内，分批调回福斯湾。这一行动不宜显得急促，各炮兵部队大可表现出从容不迫、轻松随便的样子装运，只要从这份备忘录中规定的时间起，五天内部署在福斯湾便可。保护罗赛斯港的雷达，应竭尽全力优先装备。今天，空军上将道丁正在与本土舰队总司令商讨从英国防空委员会获得支持的问题。必须要将以前和空军部达成的办法作为最低限度，希望舰队在首次使用这个基地的时候，至少有六个舰队能够参与作战。

请海军副参谋长了解一下总司令和道丁上将开会的内容，报告结果。我们显然可以预见，舰队一登上福斯湾就会遭到袭击，因此，所有人都必须准备好进行应对。此后，这一基地要从各个方面继续加强，直到舰队中的大型舰艇可以在这里安全停泊为止。此外，必须做出特别部署，协调舰艇火力和海岸火力射击。在我看来，七十二门大炮的密集炮火应当足以掩护舰艇停泊区域了。

4. 不得移动现在已经安放在克莱德湾的十六个防空气球，这样可以混淆敌方视听，让他们搞不清我们的真实意图。

如果海军副参谋长能够仔细核对这份记录，确保里面的各项细节都准确无误，并在获得第一海务大臣首肯后，敦促各个部门切实执行，我将感到不胜欣慰。

丘吉尔

1939 年 11 月 1 日

海军大臣致第一海务大臣：

斯卡帕湾的防御问题

1. 9 月间，我们着手给斯卡帕湾各炮台等处配备人员时，预计需要海军陆战队队员三千名。陆军部现在已经陆续将这一数字由三千人增加至六千人、七千人、一万人，甚至到了一万一千人。毫无疑问，这一数字已经远远超出了皇家海军陆战队可以派遣的限度。

2. 不但如此，对皇家海军陆战队"特别作战"人员的训练，只能从 3 月 1 日以后开始，那时陆军部才能为他们提供所需的种种装备。事实上，自 9 月以来，除了集合约八百名军官和军士外，什么都没做。这些人可以随时当作海军陆战队的突击队或机动的防守兵力为我们所用。

陆军部还储备有一些剩余的训练有素的兵力，陆军部似乎有意将其派往斯卡帕湾炮兵部队。斯卡帕湾的高射炮正在以每月十六门的速度建造。鉴于我们想在 3 月以后开始使用基地，这绝对是满足需求的最好方法。

3. 万一陆军部不想承担这个责任，那我们就要求他们从 2 月 1 日起提供训练设备，并且派遣我们所缺乏的各类技术人员全力协助我们。同时，和他们商定如何逐步接管。但是，这件事由他们来负责自然是最好的，我们还得向他们施加压力。

4. 我并不希望海军部向陆军部提出过多要求。如果允许在某些方面有所通融，那么所需的人员数量似乎可以大大减少。每一门炮配备三十人，每十四人负责一盏探照灯，这个数字是依据所有炮台和所有

探照灯全年日夜不断地运作计算得来的。但是，舰队时常出海，这时降低戒备程度也无妨。而且，我们不能指望在遇到长时间的空袭时，每一个炮台还能连续发射炮弹。如果这种袭击真的发生，那么舰队一定会被派到海上。问题是，我们是否可以仅仅让一部分炮兵保持最高戒备，其余炮兵在接到警报后有稍长的准备时间。

5. 真的有必要准备一百零八盏探照灯吗？敌军是否有可能隔着这么远的距离，在夜间对舰队发动袭击呢？到目前为止，敌军的所有袭击都是在白天发动，而且只有在白天他们才能准确地命中目标。

6. 等到舰队准备好使用斯卡帕湾时，我们必须从罗赛斯港调遣一大部分，最好是一半高射炮及其操作人员，到斯卡帕湾。我们没有力量同时在两个地方部署最高级别的装备。这是另一种节约之道。

7. 所以我建议，应当调遣五千人前往斯卡帕湾防御，并告诉司令部仔细研究每一个炮兵阵地、每一个岗位，想出最佳改良方案，逐步地让这些大炮发挥最大威力。

8. 斯卡帕湾这样的地方，有着如此坚固的防守力量，伞兵和潜艇袭击这样的事情最不可能发生的。因此，没有必要在现有的炮兵团基础上，再增加一个营的军队。但是，司令官应当设法部署一支足够应付紧急事件的部队，来处理此类小规模但未必发生的事情。

9. 设得兰群岛的情形则不一样。我们最好在设得兰群岛有一个营的兵力，但是这个营的兵力没有必要按照西线的规模进行装备。

丘吉尔

1940 年 1 月 3 日